本书为渭南师范学院教科研究项目"提高中小学教师教育科研能力的实证研究（2014JYKX010）"的阶段性成果

本书由渭南师范学院优秀学术出版基金资助出版

班级
管理原理与方法

PRINCIPLES AND METHODS OF
CLASS MANAGEMENT

李明敏 李渭侠◎著

中国社会科学出版社

图书在版编目(CIP)数据

班级管理原理与方法 / 李明敏,李渭侠著. —北京:中国社会科学出版社,
2017.5

ISBN 978 - 7 - 5203 - 0289 - 0

Ⅰ.①班… Ⅱ.①李…②李… Ⅲ.①班级 - 学校管理 Ⅳ.①G424.21

中国版本图书馆 CIP 数据核字(2017)第 092365 号

出 版 人	赵剑英
责任编辑	任 明
责任校对	朱妍洁
责任印制	李寡寡

出 版	中国社会科学出版社
社 址	北京鼓楼西大街甲 158 号
邮 编	100720
网 址	http://www.csspw.cn
发 行 部	010 - 84083685
门 市 部	010 - 84029450
经 销	新华书店及其他书店

印刷装订	北京市兴怀印刷厂
版 次	2017 年 5 月第 1 版
印 次	2017 年 5 月第 1 次印刷

开 本	710×1000 1/16
印 张	11.75
插 页	2
字 数	195 千字
定 价	55.00 元

目　　录

第一章　班级管理概述

班级是组成学校的基本单位，是学校教育、教学的基本组织形式，学校的各项工作都要通过班级才能落实，班级的教育、教学工作质量直接影响学校的办学质量。

第一节　班级管理的内涵与特点

一　班级管理的内涵

（一）管理的定义

要理解班级管理，首先需要明白"什么是管理"。关于管理的含义，许多管理学家从不同的角度进行了研究，界定了不同的定义。有的从管理行为存在的原因出发，可以把管理理解为：为协调组织成员的行为，有效地利用各种资源，以便实现组织目标。有的从管理的组织者的活动出发，可以认为管理是领导者在组织中的领导行为。还有的从管理的实施过程出发，可以认为管理是"计划、实施、组织、控制、激励"的过程。

综合以上观点，我们认为，管理是社会组织活动中的现象，它是组织管理者用自己被赋予的权力，采取计划、组织、领导和控制等措施，为实现组织目标而开展的活动。

管理包含着以下几个方面的含义：首先，管理存在于组织之中，是为实现组织目标而服务的，管理依存于组织的集体活动，脱离组织的集体活动来探讨管理是毫无意义的；管理的目的是有效实现组织的目标，明确地设定目标是进行管理的起点。其次，管理是由计划、组织、领导和控制这样一系列相互联结而进行的活动构成的。这些活动称为管理的职能。最后，管理活动既强调目的又注重过程。强调目的就是要选择去"做正确的事"，这关系到管理活动的效果问题；注重过程则重视"正确地做事"，这关系到管理活动的效率问题。在效果和效率两者中，效果是本，效率是标，有效地管理就是要标本兼重，"正确地去做适合的事情"。

（二）班级管理的概念

班级管理作为学校组织生活中的现象，可以从广义与狭义两个层面来认识：广义的层面指的是学校领导对班级的管理，包括班级编制、班主任的委任以及开展各种以班为单位的活动等。狭义的层面指的是班主任对班级的管理。从班主任对具体班级实施管理的角度来理解，班级管理是班主任遵循班级管理的规律，按照学校的培养目标和计划，充分利用和调动班级内外力量，为实现班级教育任务而进行的组织、指导、协调、控制等各种活动。

1. 班级管理是班主任对班级的领导

"主任"意味着领导，"班主任"就是班级的领导者。班级需要班主任的领导，是因为：其一，儿童处于身心发展的关键时期，是正在成长中的人，儿童组成的班级不能没有成人的管理；其二，学校是专门的教育场所，教育的职能主要由成人世界的代表——班主任和科任教师承担。作为成人社会的代表，班主任在制定班级发展目标、规划班级活动内容、引导班级发展时，既要考虑学生发展的实际，又要体现特定社会的要求。强调班主任对班级的领导，是强调班主任对学校的基层组织——班级的管理职责，班主任要在班级组织中发挥管理作用，通过设计、组织、协调、控制班级组织内的活动，努力实现预定的班级发展目标。

2. 班级管理是一种教育管理

社会生活中有不同的组织，产生不同的活动，因而有不同的管理。对经济活动而言，是经济管理或企业管理；对国家机关而言，是行政管理；对教育活动而言，是教育管理。班级是一种教育组织，因而，班级管理属于教育管理。

教育管理与其他管理不同。如经济管理的最终目的是生产"物质产品"，而教育管理旨在"人"，在于所培养出来的人的发展。班级管理也应以人的培养和发展为目标，面向全体学生，服务全体学生，以人为本，创设和谐的管理氛围，给每个孩子关怀和尊重、期待和赏识。同时，由于班级管理的对象是有思想、有生命的人，因而，班级管理是世界上最复杂的艺术，更是一项崇高的事业。

3. 班级管理在班主任与学生的直接交往中进行

学校管理者与学生一般只是间接的管理者与被管理者的关系，而班级管理者直接面向班级中的每一个学生，在与他们面对面的交往中进行管理。在这种管理中，班主任直接对被管理者产生教育影响。从这个意义上说，班主任的管理行为与教言行为是统一的。班主任是站在学生的立场上，引领学生成长的"重要他人"。

在每个人的成长过程中，都有影响其发展的"关键影响人"，即"重要他人"。在学校教学活动中，班主任与学生相处时间最长，了解学生最深，班主任的言行对学生心灵影响最大。班主任的使命就是站在学生的立场上，用温柔而灵巧的"教育之手"，去触摸学生稚嫩的心灵，以唤醒他们埋藏在心底的良知和潜能。一位优秀的班主任会以其创造性的教育劳动打动每个孩子的心灵，因而，他的影响会伴随学生的一生，他的形象会被学生珍藏在记忆深处，成为学生成长过程的"重要他人"。

二 班级管理的特点

（一）管理过程的教育性

班级管理的过程就是对学生教育的过程。学校的根本任务是培养学生，学校管理者的管理要有利于学生的发展，要适应学生长身体，长知识，逐步形成世界观的特点。因此，班级管理从开始、过程到归宿都是以教育为宗旨的，是一种对育人的工作进行管理的过程，体现出教育性。在学校，管理活动和育人的活动是密切联系的，尤其是对学生的管理。每项活动无不渗透着丰富的教育因素，离开了教育，对学生的管理是没有意义的。在管理中实施教育，在教育中进行管理，让班级管理充满"精神关怀"的色彩，是促进学生全面发展的重要因素。班级管理活动要以教育为前提，无论是班级管理活动的设计、安排，还是其开展，都是为了让学生健康和谐地发展。学生的成长和发展是班级管理成效的体现。

（二）管理内容的广泛性

班级可以说是一个微型的社会，班级管理是学校管理的一个缩影，涉及面非常广：从教育内容上看，德育、智育、体育、美育、劳动技术教育全部涵盖；从工作内容上看，学校内外各种因素都涉及；从活动内容上看，与课内课外各种活动形式都相关，如班级中对学生的管理、班级事务的管理、班级环境的管理以及对家长工作的管理等。小到班级卫生状况、学生之间的矛盾纠纷，大到学生发展的整体状况、发展前景的分析等都是班级管理的内容。这既为班主任施展才干提供了舞台，也增加了班级管理的难度。

（三）管理对象的成长性

班级管理的对象一般是六七岁到十七八岁的中小学生，他们正处于长身体、长知识的阶段，知识经验贫乏，缺乏一定的分析判断能力和独立生活能力。他们对很多问题的认识都很偏颇，有时做事缺乏考虑，甚至偏激。这就决定了管理对象的不成熟性。所以管理者在实施管理时要注意对他们进行教育、说服和引导，班主任既不能包办代替，也不能放手不管。班级管理者正确认识管理对象的这点非常重要。如果班主任过于看重学生的"不成熟性"，班主任就会在不放心中实施班级管理，凡事包办代替，使学生的主动性受到束缚，不利于学生的成长；如果班主任忽视管理对象的"不成熟"，完全放手，又容易使学生的行为失控。所以，班主任要避免搬用成人的管理方式和方法。

特别是小学生，年龄为6—12岁，还不具备"独立"生活的能力和经验，班主任在实施管理的过程中，时刻要考虑教育对象不成熟的特点，珍视学生成长的可塑性。研究表明，从幼儿期进入童年期，孩子间的差异主要表现在气质上和行为习惯上。当童年期结束时，孩子个别性差异就会在整个心理发展水平和基础学习的水平上显现出来。这就是为什么要强调提高小学班级管理水平的重要原因。班主任懂得尊重孩子，善于发现孩子的潜能，并以自己善良的心灵，运用教育的艺术培育新一代，具有特殊的意义，而不同气质的班主任，其影响会使儿童的发展水平出现很大的区别。正因为如此，蔡元培先生高度评价为童年的发展做出贡献的小学教师，在他看来，小学教师的责任比大总统还大。

中学生正处于生长发育的高峰期。其年龄为13—18岁，属于少年期和青年早期，也称青春期。由于身体的迅速发育，他们的心理也变得错综复杂，被称为"人生的多事季节"，心理学上谓之"心理断乳期"。此时中学生的生活和社会体验开始占主导地位，快速发育的身体和激素变化又对其心理产生重要影响，他们渴望自己能被他人像成人一样对待。中学班主任管理着一群充满激情和狂热的少男少女，他们正处于富有生气、充满活力的黄金阶段，既令人羡慕，又让班主任担忧，所教育的对象对人生、未来充满着无限的想象和强烈的追求，手里抓着一大把艳丽的色彩，寄托着家庭的未来，承载着社会的希望。为了管理五六十个精力充沛的男女学生，几乎所有的班主任都忙碌得像蜜蜂一样，小心地用爱呵护着学生成长。

（四）管理方法的多样性

方法是做好工作的桥梁。班级管理对象的特点要求班级管理尤其应注意方法问题。在班级管理中，方法的单一化、简单化、模式化，会使管理工作难以取得效果，甚至失败。管理者不能认为有了良好的愿望、周到的计划、丰富的内容就必然会带来管理的成功。

管理中小学生，本身就要注意工作方法的选择和使用，要使这种管理成功就必须开展学生喜闻乐见、丰富多彩的活动，这就需要方法的多样性，而且不断创新和变化。班级管理又是在多渠道中通过不同内容和不同方式来实施的，这又意味着工作方法的多样性。在班级管理中，不仅不同的教育渠道和教育内容要用多样的方法，就是同一内容的教育，也要不断变换方法，使之适合学生接受管理教育的选择要求。千篇一律、模式化的工作方法，永远不能搞好班级管理，也不能使班主任成为一名称职的管理者。

（五）管理角色的多重性

班主任工作的特殊性和重要性决定了班主任角色的多重性。班主任作为班级管理的组织者、教育者、领导者，校规校纪的执行者，教与学双向交流的信息员及学生学习、生活、娱乐的辅导员、服务员，扮演着多重角色。第一，班主任应是教育者、管理者，即负有教育学生的责任。又是学生各项活动的组织管理者、指导者和评定者。第二，班主任又应是心理工作者。因为不懂学生心理的班主任不能去帮助学生提高学习质量，不能很好地了解学生。消除学生因心理问题而产生的情绪困扰、自卑感，使学生增强信心，也要做好心理教育；若班主任不注意学生心理问题，则会有意无意伤害学生。这就要求班主任应成为心理工作者。第三，班主任还应是知识丰富的学者。随着现代社会知识信息源的增加，学生关注着大量的当代信息，受到广泛的社会信息的影响，因此教师必须具备渊博的知识，又要不断更新知识，这样才不至于缺乏教育的功力，也才有资格对学生进行教育和管理。第四，班主任要成为导演兼演员。因为在班级管理中，教师要调动学生的积极性，要精心设计学生的活动和指导学生去完成某项活动任务，这是导演的职能，一名优秀的班主任就应是一名好的导演。同时，班主任要研究和设计自身活动的教育影响力度，比如，如何通过表情、声调、动作、姿态对学生进行心理感染和心理暗示，这是演员的职能。就是说在班级管理过程中，教师所做的一切，都要对教育效果负责，而不是由个人情绪来支配。第五，班主任又要成为社会活动家。当今的学校不仅是"复杂的课堂社会"，而且有许多的班级活动，不能只在教室内、学校内进行，离开社会，班级管理很难进行。班主任为了进行班级管理，要和社会多种部门打交道，否则活动难以开展，这势必会促使班主任成为社会活动家的角色。

班级管理的这些特点，是由班级活动的规律所决定的，这不仅对班主任提出了要求，而且也是搞好班级管理的基本条件。认为班级管理很容易，认为学生是一些没成年的小孩子，对其"管住""管紧"就行了，是不了解班级管理的肤浅看法，是对班级管理的复杂性缺乏认识的表现。

第二节　班级管理的任务和内容

一　班级管理的任务

班级管理是为了培养和教育学生成为合格的人才。班级管理的任务是依据教育方针、教育目标、学校教育要求来确定的。班级管理的任务是使班级按既定的要求，以及班级的特点和活动规律，保证学生能够正常从事学习和其他各项活动，保证学生能够健康成长，保证班级有正常的秩序，使学生成为品德、智力、体力各方面都得到发展的合格人才。班级管理的具体任务如下。

（一）落实学校的管理目标，制订班级工作计划并保证顺利实施

班级管理要有明确的目标（远期的、中期的、近期的），这个目标是依据教育方针和学校管理目标确定的，因为只有这样才能实现社会对学校的要求，为社会培养所需的人才。班级管理的工作计划，是班级管理目标的具体实施步骤，也是学校管理目标的"班级化"。所以确定班级管理目标，既要有规定性，又要有创造性，同时还要有广泛的学生基础及实施的保证。

班级管理目标和班级工作计划越完善，越贴近学校管理目标和学生实际，越容易实施，否则很可能是一纸空文，甚至缺少可行性，最终落实不

了，或是半途而废。制订计划和实施计划是一个问题的两步，前者是前提，后者是保证。所以班级管理计划必须订好，同时更重要的，是保证计划实施，使班级管理目标明确，操作有序，落实具体。

（二）建设一个良好的班集体

班级管理既是对班集体的管理，又应发挥班集体的作用，班集体是班级管理的对象，又是实施班级管理的作用条件。建设一个良好的班集体，始终是班主任的中心工作，班主任应该把主要精力投入班集体的建设中，这也是班级管理的重要任务。

班集体的健康发展，不仅是班级管理的一个方向，同时，健康的班集体又能促进班级管理目标的实现。班集体的成熟是班级管理成功的一个标志。班主任要做好这项工作，不仅自身要付出艰辛劳动和创造，同时还要善于领会学校的管理目标，善于调动其他教师的力量来帮助班集体的建设，善于调动学生的积极性，使学生永远处于积极进取的状态，还要善于协调学校其他组织机构及社会家庭的力量。这样就能形成以班主任为中心的教育合力，使班级管理不断提高到新的水平。

（三）做好日常的管理工作

做好班级的日常工作，也是班级管理的一个重要内容。班级日常工作不仅是落实班级工作计划的一个具体的环节，也是使班集体能够正常运作的必要条件。忽视日常工作，会造成班集体的某种混乱和不协调，这当然会影响班级管理目标的实现。班级的日常管理工作涉及的具体内容很多，主要是保证学生正常的学习、生活以及开展各项活动的一些管理内容。这些管理内容主要是提出要求、监督运行、匡正不合规范的行为、及时评价、调解矛盾以及对其他具体问题的处理，等等。日常管理工作可能遇到的都是些"个别行为"或"小"事情，但这些"个别行为"或"小"事情，常常会因为未及时处理而成为一种传染源或形成一种不良的后果。所以，对日常的管理工作不可忽视，更不能不屑一顾。当然，班主任不能总把自己陷在这些具体矛盾当中，要对这些个别人的行为或某种苗头，深入地思索并找寻班级管理中有规律和有普遍意义的东西，以取得管理的主动权。就是说要实现班级日常管理工作的任务，既不能忙忙碌碌成天陷在各种具体事务中，又应从学生的具体表现中发掘对实现班级管理目标有普遍性的东西，既抓住主要矛盾，凸显管理的主题，又要使班级管理工作不顾此失彼，不失调，不出现疏漏。

二　班级管理的内容

班级管理的任务的实现，离不开日常班级管理的内容，因此班主任也要明确班级日常管理的主要内容。

（一）班级的学习管理

教学是学校的中心任务，当然也是班级管理的主要内容之一。学习管理的目的是促进和保证学生学习效果，提高学生的学习质量。学习动机、学习过程、学习制度、学习习惯、学习纪律、学习评价以至形成良好的学习环境等，都是学习管理的内容。学习管理在于提高学生的学习质量，使学生科学地学习，生动活泼地学习，刻苦而又充满信心地学习。

（二）班级的思想政治和品德教育管理

思想政治和品德教育的管理要尽力形成一种客观运作机制，即有明确的教育目标、指导原则、基本的教育内容、活动安排、时间的保压、具体的责任、科学的评价和考核办法、环境氛围、畅通的教育渠道等。每个班主任在实施德育管理时，都要认定以上这些条件，落实这些条件，不断充实这些条件，这样才能克服班级德育管理中的随意性和短期行为，使班级德育管理真正形成客观运作机制。

（三）班级的体育卫生管理

体育卫生是指体育运动和卫生保健，是学生健康成长的物质基础，也是班级管理的一项内容。在体育运动方面，班主任要帮助学生建立体育锻炼活动的制度。帮助学生建立体育锻炼的组织，以保证学生持之以恒地参加体育锻炼活动。同时也要对学生参加学校统一的体育活动进行组织、督促，如学生的课间操、眼保健操、体育竞赛活动等。在个人卫生保健方面，班主任要加强班集体环境卫生和个人卫生的管理，如科学地安排时间，劳逸结合，保持教室环境卫生（包括采光、通风、学生座位的调整）、寝室卫生、个人卫生等，要着重培养学生良好的卫生习惯，达到使其自觉地讲究卫生的目的。

（四）班级课外活动管理

班级课外活动是指以班级为单位的或是班级组织的在课程标准以外的多种教育活动。既包括校内的课外活动，也包括校外的各种教育活动。课外活动不是学生的"自由"活动，因此必须贯彻教育的规定并要求班主任加强管理。充分发挥课外活动的教育作用是学生健康和谐发展的重要途径。班级课外活动的管理，主要目的是培养学生兴趣、爱好、特长，促进学生的个性发展；发展学生的智力、能力和创造才能；扩大知识领域；提高思想品德修养和审美能力，陶冶情操，丰富精神生活，愉悦身心，增进学生的健康等。

课外活动的管理要强化与其目的相关的组织领导，因为课外活动分散，内容面广，活动形式相对自由，班主任不可能都在现场，所以班主任要明确课外活动的总目的，还要明确每次课外活动的具体目的。此外，应认真地组织并通过学生骨干去带动同学，以保证能达到活动的目的。课外活动有时要借助社会力量，参加社会实践，班主任还要请社会帮助，并能很好地协调，否则就容易走过场。对课外活动的管理，也要和"课内活动"相结合，不能"两张皮"，互不相关。

组织学生参加生产劳动、勤工俭学、社会公益活动、大型调查、参观访问等，都应该属于"课外活动"。这些活动的目的性强、管理要求严格，并要扩大教育容量，所以班主任既要善于设计安排，又要善于管理这些活动。不能只做些"要求"，把学生"放"出去就了事，这样不仅会削弱课外活动的教育性，而且可能会发生其他的问题。

（五）班级财务管理

班级似乎不涉及财务问题，但实际上却常常有金钱的收入和支出。这些收支主要是从学生中收取的各种用途的费用，比如学生的班费，为某项活动而一次性收取的费用，等等。个人金钱的收入、支出和保管，主要应由学生个人负责，班主任只要教育其保管和开支的方法就可以了；低年级学生的个人金钱，班主任应更多地协助管理，甚至负责保管。对班费，班主任要给予原则上的管理，如列出消费明细、收支有据、保管严谨等，并经常予以检查或向学生公布，最好不造成丢失事件。在金钱管理上，班主任要注意：第一，不要随意收学生的费用，即使学生自愿，班主任也要加以制止；第二，不要随意支出，更不能不恰当地支出，任意消费，或是做其他不合适的开销。

班级设备、财产管理也是班主任的一项工作，这项管理的主要内容有：第一，财产设备的数目、质量、使用情况登记清楚；第二，财物设备交接清楚；第三，财产设备消耗、损坏情况清楚；第四，对学生进行爱护公共财物的教育，并制定相应的财产管理制度；第五，指定学生负责管理某项财产设备。

第三节 班级管理过程

所有的管理过程都大致相同，都是为实现管理目标而进行的计划、实施、检查、总结的有序循环和不断提高的过程。班级管理过程也一样，是班级管理主体为达到促进班级整体和班级中每个学生个性全面发展的管理目标，而发挥管理职能，整合优化教育资源配置，不断提高教育质量和效益的过程。

一 班级管理过程的含义

班级管理过程是指班主任组织领导全班学生为达到预定的管理目标和教育目的，由师生共同参与的有效控制和把握班级工作进程，保证班级工作顺利进行并取得预期效果的动态过程。

师生共同参与主要在于强调学生参与管理的重要性。对于班级管理而言，没有学生参与的管理，不是真正意义上的管理。作为班级的主要管理者，只有注意发挥学生在管理过程中的作用，才能使管理具有生命力，也才能通过管理促进活动的开展。

之所以说管理是一个动态过程，旨在说明管理是一个使活动有效地按某个程序运转的过程。同时，组成管理活动的各个要素、各个环节以及各要素与各环节之间的关系都处于不断的运动变化中，管理活动外的其他相关因素也处于不断的运动变化中，而且这种运动变化又会影响和制约管理活动本身的运动变化，正是管理活动的这一"动态"特征，使得计划的变动、力量的调整，甚至目标的更换等都是可能的。这就要求我们能根据具体的变化，随机地调节各要素、各环节及其相互之间的关系，具有随机的权变意识和灵活的管理行为，能适应各种变化，及时进行调整以推动班级管理活动的正常开展。

二 班级管理过程的基本环节

班级管理过程包括计划、实施、检查和总结四个环节。各个环节对管理过程都是不可缺少的，它们各有各的任务和作用。计划是整个班级管理过程的起点，实施是对计划的落实，检查是对实施的监督，总结是对计划、实施、检查的总评价。这四个环节有序地运行，就形成了班级管理过程的一般规律。因此，班级管理工作就是在正确的计划、实施、检查、总结四个环节的有机结合、有序运行以及管理周期的循环运转、螺旋上升中不断前进、不断提高的。

（一）计划

班级管理计划（即班级工作计划）是指确定班级管理的目标和拟订实现目标的具体要求、步骤和方法，是班级管理全过程的起点和指南，也是班主任搞好班级管理工作的主要条件和重要手段。

班级管理的计划对保证班级管理顺利实施有决定性的作用，没有计划，或是不完善的计划、敷衍应付的计划，都会使班级管理陷入盲目和随意性。有些班主任不注意制订班级管理的计划，他们凭"直觉"，凭主观的意志去抓班级的工作。这样不仅会造成班级工作的忙乱无序，而且也只能零敲碎打，停留在浅层次上。这样也会使学生心中无数，有时候甚至不知道应该去做什么，当然就无法很好地发展。有的班主任不去按计划工作，他们只是在上传下达，只是在"维持"班级的秩序，当然就谈不上对班级实行科学的管理。

班级管理的计划在班级管理中是非常重要的，班主任不仅要在制订计划上下大力气，做周密细致的工作，而且也要真正按计划管理班级，有突出的"计划意识"。同时班主任应教育学生重视班级管理计划，经常强化计划的要求，使学生总是能够按计划的要求去做。

1. 制订班级管理计划的依据

（1）学校工作计划。学校工作计划为整个学校管理规定了明确的任务，对班级管理工作及学生都有明确的要求，班级管理必须按照学校的总体要求去做，班级管理计划必须比较具体地体现学校的要求。因此，学校工作计划是制订班级管理计划的重要依据。

（2）理论指导和借鉴经验。制订计划时，应重视以教育与管理方面的知识为依据，考虑学生的身心发展特点和规律，同时了解教育动态，学习和借鉴其他班级管理经验。

（3）本班的实际。制订班级管理计划必须把握班集体的实际，针对班级的实际，包括班级工作原有的基础、当前班级实际情况、班级工作进一步发展的客观可能性三个方面，使计划既有一定的高度，又确实能够实现，避免提出盲目的过高的要求或无意义的过低标准。

2. 制订班级管理计划的基本要求

（1）要有明确的目标。计划要提出在一定时期内班级管理活动要达到的目的和预期取得的成果，要把管理活动所要达到的目的确定为远期的、中期的和近期的目标，时间越近，目标的内容越要具体，以便于实施、检查和评价。

（2）要有针对性。计划的制订一定不可以照搬别人的，一定要针对本班的实际情况，着眼于巩固过去的管理成果，促进班级进步和学生的发展。

（3）要切实可行。班级管理计划一定要是可行的，不能只是一些空洞条文。计划所提出的任务要明确，要求要具体，措施要切实可行。制订计划时，应根据班级实际，实事求是地反映班级特点，既照顾全班，又突出重点，特别要注意班级工作的薄弱环节；既要有新要求，又要留有余地，把计划建立在积极稳妥和切实可行的基础上。

（4）要有连续性。制订班级管理计划，必须是在总结前期工作的基础上进行，在前期工作的基础上提高。上学期未完成的工作要继续抓，完成不好的工作要深入抓，已完成的工作要提出新要求，体现管理工作的连续性。

（5）要便于检查。班级管理计划是具体的工作计划，计划有什么要求，重点是什么，怎么完成，何时完成，谁去完成和完成到什么程度，都要具体明确，重要工作和活动要按周排列出来，以便于执行和检查。

（6）要有创新性。班级管理计划不是原计划的重复或翻版，要不断有所创新，有所突破，推动班级管理工作不断前进。

3. 班级管理计划的内容

班级管理计划从时间上分，有学期班级管理计划和学年班级管理计划；从内容上分，有综合的班级管理计划和单项的班级管理计划。班级管理计划的基本内容一般包括以下几个方面：

（1）班级情况。主要是对本班特点和上学期工作进行的简略概括的分析，以便扬长避短。

（2）管理目标。班级管理目标是班级管理活动预期达到的结果，或预期完成的具体任务。它是班级工作计划的核心，是班级管理活动的出发点和归宿。

（3）具体措施。即为完成管理目标而采取的办法、手段。班级工作计划的写法没有固定的格式。一般有两种形式：一种用文字叙述的形式来表达，另一种用文字和表格的形式来表达。

4. 制订班级管理计划的步骤

制订班级管理计划一般要经过三个阶段：

（1）准备阶段。制订计划前的准备工作有：第一，收集有关信息资料，掌握国家和上级教育行政部门有关教育方针、政策和指示精神，学习教育管理的理论知识，了解当前班级工作的先进经验。第二，细心研究学校工作计划。班级工作计划就是学校全面工作计划的局部计划。局部计划一定要贯彻落实学校的全面工作计划。第三，结合本班实际，进行综合分析，考虑计划的初步设想。

（2）写出计划草案阶段。这是关键的一步，制订班级管理计划，必须发扬民主，师生结合，贯彻"从群众中来，到群众中去"的原则，要发动班上干部和学生广泛参与，反复讨论，并在此基础上确定管理目标和任务，写出计划草案。

（3）确定计划阶段。这一阶段主要是班主任在组织学生讨论和写出计划草案的基础上，最后审定班级管理计划。对计划草案，班主任要召集班委、团队组织负责人联席会议，经过充分讨论，并征求科任教师意见，最后确定，书面上报学校。

5. 班级管理计划的写作

班级管理计划一般分学期计划和具体活动计划两种。

（1）学期计划的写法。学期工作计划没有严格、固定的格式，一般地可分为以下几个层次：

第一层次：标题——计划的名称。

标题要写在第一行正中，标题中要把班级的名称、计划的主要内容、计划的时限准确地概括进去，如：《××年级××班200×—200×学年度×学期班级管理计划》。

第二层次：内容——计划的正文。

计划的正文，一般包括以下几个部分：

第一，前言。简述计划制订的依据，交代上级教育行政部门及学校本学期教育计划要求，概括、准确地提出本班工作计划的指导思想。文字要简明扼要。

第二，本班的基本情况与分析。本班的基本情况包括：本班学生德、智、体、美等方面的基本情况分析，班级发展的水平和特点，班级学生的特点，学生家长情况及社会影响情况，各种有利因素和不利因素，班级存在的主要问题，等等。

在对班级情况进行分析时主要包括正反两方面的内容，对负面的情况要着重对问题存在的主要原因进行分析。当然这些原因分析应当是班主任深入调查研究和反复思考的结果，但在叙述时力求准确、简明扼要。

第三，本学期工作目标。目标的提出，以准确的基本情况分析为依据，针对本班目前带有共性的、倾向性的问题及发展要求提出目标。工作目标要突出重点。一学期要抓的工作很多，不能平均使用力量，要抓主要矛盾，抓主要问题。

第四，主要措施。主要措施是指实现目标的具体活动安排，主要包括教育活动的主题、实施步骤、组织力量及其分工等具体的内容。主要措施应当符合学生的年龄特征和心理特点，根据学生的特点尽量做到生动活泼、形式多样，为学生所喜闻乐见。措施定了就要执行，不能执行的就不要写进计划。

第五，时间安排。为保证计划的切实落实，对具体的活动要安排具体时间，标明次数和起止时间。时间安排要注意科学性，一周内不能活动太多，要考虑学生的负担，并且要注意与学校教育活动相协调，相互配合、相互衔接。为了配合学校教育活动，计划时间要有预见性，如要在四月开运动会，班级前两周就要安排相应的活动，围绕校运动会做准备。

第六，检查办法。计划不能只制订实施，而不检查，因此最后要注明计划的检查方法，为学期学年总结做好准备。

第三层次：计划制订人姓名与制订日期，依次分行写在正文下方。

计划完成后，应准备一式两份，一份交学校领导以备检查、督促和指导，一份留给自己实施。

（2）具体活动计划的写法。具体活动计划不必像学期计划那样详尽。其基本结构有如下几个层次：

第一层次：标题。

第二层次：内容——计划的正文。

具体计划的正文，一般包括以下几个部分：

第一，教育活动举办的目的。要主题明确，取向不能过多。

第二，活动时间、地点的安排和参加人员。

第三，教育活动的内容。即活动的具体事项和顺序流程。

第四，活动准备和要求。要明确活动所需的资源，包括人、财、物等。涉及的准备人员较多时，应明确分工，列出活动的组织与准备人员，注明负责人姓名。

第三层次：计划制订人姓名与制订日期。

具体工作计划，既可用文字表达，也可以列表表述。但是最后一定要留有空间，因为不可能每个具体活动完成后都要写总结，所以当活动进行完毕，可以将活动的完成情况记录在计划正文后面，以备总结反思。

（二）实施

班级管理的实施，是指班主任组织全班学生完成班级管理计划任务的过程。

实施计划是班级管理过程一个关键性的阶段，是班级管理过程的中心环节。目标是否正确，计划是否周密，要由班级管理的实际运作来证实；班主任管理是否有效，要由已实施所取得的效果来评估；班集体的形成，也要通过计划实施来实现。没有实施环节，计划就是一纸空文，再完善的管理计划也发挥不了管理的效用，实现不了管理的目标。因此，班主任要花较大的力气和精力，来抓好班级管理的实施。

1. 做好动员工作

实施环节首先做好学生的思想动员工作，要向学生具体说明工作的任务、要求和意义，强调工作原则和方法，动员全班学生统一认识，积极参与班级管理活动。

2. 合理组织与分工

班主任根据工作的需要，对全班学生进行合理的分配和组合。这就要建立健全班级组织，确定各个组织的作用和责任；善于调兵遣将，合理组织人力和分工，充分发挥他们的积极性；还要科学地安排时间，做到活动有程序，工作有日程。

3. 搞好协调与配合

班主任要协调好班级各组织之间、学生之间、师生之间、家长与学生之间的关系，加强信息沟通，做到上下互相衔接，左右步调一致，密切配合，团结一致，充分发挥整体效能。此外还要协调好人与事、事与事之间的关系，使人与事之间力量组合相当，事与事之间进度相宜，步伐合拍。

4. 加强指导与激励

班主任对班级组织和学生在工作上要进行指点和帮助，其目的是使被管理者做好工作，不偏离正确的轨道。有效的指导，应该是指点而不说教，帮助而不代替，批评而不压制。在实施阶段中，要调动学生做好班级工作，完成班级工作计划。除制定必要的规章制度外，还要采取各种鼓励和激励手段，去激发学生的进取心，以调动全班学生的主动性和积极性。

5. 依实际调整计划

在实施过程中，由于形势的变化或学生情况的变化等各种原因，可能出现工作计划与实际情况不相适应的情况。这时，班主任要有一定的灵活性，若学校提出了新任务和新要求，对原计划就要进行补充，若原计划有不符合实际的内容就要进行调整，使计划更符合客观实际。但不能使计划与实际完全脱节，做到实施不脱离计划，计划不脱离实际。

（三）检查

检查是对班级管理计划实施情况的监督，是班级管理过程的重要一环，是实现管理计划的重要保证，是促进班级管理工作的重要措施。检查的目的在于及时发现问题，采取措施，纠正偏差，确保目标的实现，或发现先进典型，及时总结，表扬推广。

1. 检查在班级管理中的作用

检查是要考查计划决策的正确性和预见性，评价实施阶段各种控制措施的有效程度。对管理对象具有督促和考核的作用；对今后班级工作具有推动作用。检查贯穿于班级管理的全过程，它能及时发现问题，解决问题，总结和推广经验，促使班级工作有效地进行。所以，检查的过程是班主任深入实际，了解情况，总结经验，发现问题，改进工作的过程，应贯穿班级管理的全过程。

2. 检查的方式

（1）平时检查和阶段检查。阶段检查是班主任在每学期的开学初、期中、期末对班级工作进行集中性的全面检查。平时检查有分散、及时、灵活的优点，阶段检查有集中、全面、系统的特点。

（2）全面检查和专题检查。全面检查是指班主任对班级各组织岗位和各项工作的检查。专题检查是班主任对计划实施中某一方面工作进行专门的检查。前者有利于了解班级的全面情况，掌握全局动态，后者有利于班主任在计划实施中抓住重点，发现新问题，总结新经验。

（3）领导检查、相互检查和自我检查。领导检查是指学校领导者对班级工作所进行的检查，它有比较明确的目的和统一的标准。相互检查是指班级内部组织之间，学生之间的检查，它有利于相互学习，增进友谊。自我检查是指班级组织和学生根据自己所承担的任务和本职工作，检查是否实现了原订目标和计划。这种方式有利于培养学生的自我责任感和主人翁精神。

（4）口头汇报检查、书面检查和会议检查。口头汇报检查是班主任要求学生以口头汇报工作的形式所进行的检查，这种方式简单易行，可随时考核和监督学生的工作情况。书面检查是班主任对实施计划的书面材料进行检查，这种方式有一定的客观依据。会议检查是班主任以会议汇报的形式进行检查，这种方式有利于互通信息，交流经验，取长补短，共同提高。

上述检查方式，是从不同角度来说的。在实际工作中，这些检查方式往往是综合运用的。

3. 班级管理检查的基本要求

（1）检查要以计划规定为标准。检查的目的、要求，检查的重点和内容，以及检查的对象和方法，都要按计划的要求来确定，以便统一标准，掌握一个尺码。

（2）检查要全面、真实。在检查中要求采用各种形式，做好调查研究，掌握第一手资料，掌握典型事例和必要数据，获取大量信息。

（3）对工作结果和执行过程的检查同时进行。在检查时，不能只看工作结果，还要考虑其执行计划的阶段，否则，会造成检查的效果不大或可信度不高，也难以吸取经验教训。只有同时检查工作结果和过程，才能找到产生结果的真正原因，正确地指导班级和学生进一步改进工作。

（4）检查要与指导相结合。班主任在检查工作时，要与指导相结合，分析存在的问题，提出改进的措施。

（5）检查要发动全班学生积极参与。检查不仅是班主任的职责，也是全班同学的共同职责。既要有班主任对学生的检查督促，也要有学生对班主任和任课教师的检查督促。只有这样，检查活动才能产生积极效果。

（四）总结

总结是班级管理过程中的最后一个环节，同时，又是承上启下的环节，是下一步管理工作的重要依据。它是运用科学的方法，对班级管理过程中某一阶段、某一周期的工作或对整个工作进程进行回顾和总的评价。总结肯定成绩，找出缺点，做出结论，并把总结出的结论、经验和教训渗透到下一阶段、下一周期的工作中，提出下一管理周期的努力方向和改进内容。总结可以促使班主任认识规律，积累经验，加强对班级管理内在关系的认识，促进管理水平的提高。所以，班主任要重视班级管理过程中的总结阶段。

1. 班级管理总结的形式

班级的管理过程是由许多局部的小的管理过程组合成的全局性的大的管理过程。所以，总结包含全局的、较大的方面的总结和局部的、涉及的工作面较小的总结。按范围分，总结包括班级工作总结、学习小组总结和个人学习总结；按性质分，包括班委会工作总结、团队组织工作总结；按内容分，有综合性班级工作总结、思想教育工作总结、学习总结、体育卫生工作总结、劳动总结等；按时间分，有阶段总结、学期或学年总结等。

总结过程是班主任与学生相结合的过程。无论哪种形式的总结，其方法是：先由班主任提出要求，由上而下开展讨论，再由下而上进行总结，班委会汇总，最后是上下结合，由班主任在征求科任老师意见的基础上进行全面性总结。在总结中，既要防止脱离班上工作实际，脱离科任老师，"闭门造车"，又要防止主观主义，"个人说了算"。

2. 班级管理总结的基本要求

班主任应遵循以下基本要求，认真搞好班级管理的总结。

（1）正确的指导思想。总结班级工作要以党和国家的教育方针、政策、法规为依据，从学校的性质、任务和班级实际出发，按照拟定的目标要求，认真搞好班级工作总结。肯定成绩，总结经验，分析问题，提出方向，只有这样，才能按正确的标准得出正确的结论。

（2）实事求是的工作作风。总结是检查的继续，没有深入、细致、可靠的检查，就不可能做出符合客观实际的总结。要实事求是，避免公式化，搞形式主义，为总结而总结。只有在全面、客观材料的基础上，才能做出明确的总结性评价。

（3）善于运用典型实例说明问题。总结工作一定要抓住重点，突出特点，善于运用典型实例说明问题，力求做到观点与材料统一。

（4）将成绩和问题同时总结。总结工作不要一点论，要用两分法。既要看到成绩又要看到问题，既要看到优点又要看到缺点，分清主流与支流，对成绩和优点要充分肯定，对问题和缺点要严肃指出，以促进班级工作不断前进。

（5）把总结和评优综合起来。回顾过去是为了推动未来，总结工作是为了更好地前进。一般来说，当班级工作的成绩与计划完全一致或基本一致时，总结对全班学生产生的激励作用较为明显；当实际效果与计划目标不一致或差距较大时，总结则容易使学生产生泄气、怒气和消极情绪。无论哪种情况，班主任都要通过总结加强思想政治教育，把总结与评优结合起来，增强全班学生夺取新成绩的决心和信心。

总之，总结也要伴随着计划实施完成而及时进行，根据检查获得的实施效果，归纳计划实施成功或失败的原因，对管理方式、方法进行反思，总结出适合本班的教育管理措施和手段，为下一步的计划做好准备。

第四节　班级管理的观念与原则

一　班级管理的观念

管理观是支配人们管理行为和管理方式的观念体系。正确的班级管理观必须反映基础教育课程改革精神，符合中小学学生的实际，并能促进学生的全面发展。在班级管理工作中，我们时常会发现，一些班主任有较高的学识水平，能力也较强，全身心地为学生的成长而操劳，可结果并不令人满意。主要原因之一就是缺乏与教育发展相适应的管理观。

正确的班级管理观具有丰富的内涵，主要包括管理发展观、管理主体观、管理开放观、管理全面观、管理时效观和管理法治观。

（一）管理发展观

发展是唯物辩证法的总特征。当前，中小学生赖以生存的环境在变化，既给学生的发展带来积极影响也带来严峻挑战。现在的中小学生不同于 20 世纪 80 年代的中小学生，甚至与 90 年代的学生也有较大差异。因此，班主任要确立管理的发展观，首先管理思想要适应时代的新变化，突破"教师中心"的传统模式，改变"独裁专制"的管理方法，确立"学生发展中心"的管理模式。其次，管理方法要适应学生发展的特点。新时期的中小学生呈现出新的特点：生理发育加快，身材增高，性发育成熟提前，自主意识增强，心理发展加速，自我意识增强，要求尊重的意识随之更明显；社会价值的多元化，传播媒介、影视文化的影响，加之消费观念的大变革，导致中小学生思想趋于复杂化。班级管理方法必须适应学生的这些新特点。最后，要以促进学生全面发展为归宿，吕型伟曾说："人人有才，人无全才，扬长避短，人人成才。"班级管理必须扬长避短，挖掘潜能，培养特长，为学生成才起推动作用。

（二）管理主体观

管理的主体观，要求确立学生在班级管理中的主体地位，尊重学生的个性特点，发挥学生的主动性，培养他们自我教育和自我管理的能力。具体来说，要做到以下几点：

第一，具有民主精神，实施民主管理。民主管理在一定意义上就是鼓励和支持大多数学生参与班级管理，参与班级决策。其前提就是尊重学生，与学生平等相待，建立新型的师生关系。据调查，目前许多中小学生心里有话不愿对班主任讲，原因就在于一些老师总是以管理者的角色出现，缺乏民主精神。

第二，要充分调动每个学生参与管理的积极性。尊重每个学生的意见，而不重优轻劣，让学生感到他们都是班级的主人。同时还可采取一些措施，如共同制定班级管理制度，实施班组长轮值制等，增强学生班级的主人翁意识。

第三，要指导学生进行管理。学生是班级的主体，但他们毕竟是学生，是受教育者，要把社会的要求变为其素材，需要班主任的教育和指导，如指导学生正确地管理自己，管理他人，参与班级管理。

第四，要放手让学生自己组织活动，独立开展工作。对一些自制力差的学生，也要在管理中让出一片空白，让其自我管理，参与管理，以培养他们的自控能力。

（三）管理开放观

开放的社会，需要有开放的心态，实施开放的班级管理。学生的成长是一个不断适应社会的过程，班级管理不能只将学生禁锢在教室内，禁锢在书本中，而要以开放的心态直面社会生活，要教给学生明辨是非的方法，引导学生学会看待社会的主流；组织学生广泛地接触社会，参与社会活动，使之较为全面地了解、认识社会。同时，在管理中最大限度地开发和利用各种教育设施、教育渠道，挖掘管理资源，把班级对学生的管理延伸到家庭和社区，调动各种积极因素，让学生在更广阔的环境中认识自我，促使自我成长，从而提高其服务社会的能力。

（四）管理全面观

面向全体学生，促进学生全面发展，是素质教育的核心内容。常言道：学习成绩不合格是次品，思想不合格是危险品，身体不合格是废品。这不无道理。班主任要有强烈的责任意识，本着为每一个学生负责，为每个学生的全面发展负责的精神，确立管理的全面观。在管理对象上，面向全体学生，尊重学生的发展差异，无论是优秀学生，还是后进学生，都要全面提高其素质，促进他们健康成长；在管理内容上，既注重智育管理，也注重德育和体育管理，促使学生各方面素质的提高和发展；在管理空间上，做到学校、家庭、社区教育资源的整合，并引导学生自主参与管理，实现管理全方面覆盖。在管理过程上，既注重起始年级也注重毕业年级，既做实学生的在校管理，也关注学生的校外管理，实现管理的全程性。

（五）管理时效观

用较少的时间和精力，取得较好的效果，这既是管理活动质的规定性，也是班主任工作的必然要求。班级管理头绪复杂，不仅要做思想工作，引导学生学习，组织班级活动，也要转变差生，化解学生矛盾，处理偶发事件，等等。同时班主任还有繁重的教学任务，要钻研业务，提高教学水平。为此，确立管理时效观十分必要。一要研究学生，了解学生身心发展的特点、个别差异、家庭及生活环境，从而加强管理的针对性；二要研究管理规律，总结管理中的得与失，探索规律，不断提高管理功效；三要研究社会变化，尤其是社会经济转型时期给中小学生的影响，增强管理适应性变化；四要研究工作艺术，掌握管班技巧，把握管理的契机，切忌一人生病众人吃药，导致管理的负效应。

（六）管理法治观

依法管理，是班级管理中必须坚持的原则。《中华人民共和国义务教育法》《中华人民共和国教师法》以及与教育有关的《未成年人保护法》等都是实施管理的依据，在管理中只能遵守，不可违背。当前，班级管理中的违法事件仍然存在，如体罚学生、侮辱学生、私拆学生信件、歧视差生、不尊重学生的人格等，都违背了相关教育法规的条款，触犯了教育的法律底线，是不能容忍的。随着依法治国方略的推进，我国的教育法制建设取得了长足的发展，依法执教成为历史的必然，作为班级管理者应加强教育法律法规的学习，养成依法管理的习惯。

随着时代的发展，正确的班级管理观的内涵也将不断丰富和变化，班主任应注重管理观的更新，以适应飞速发展的形势和新型人才培养的要求。

二　班级管理的原则

班级管理的原则是我们在班级管理中必须遵守的基本指导思想和要求，它对于建立和发展班集体、全面实现班级目标以及全面提高教育质量，都具有重要的意义。

（一）全员激励原则

所谓全员激励，是指激励全班每个学生，充分发挥他们的智力、体力等各方面的潜能，实现个体的目标和班级总目标。

贯彻全面激励原则，首先要求班级管理者公正无私，一视同仁，用同样的情感和要求对待每个学生。对优秀的学生，不能"一俊遮百丑"，对暂时后进的学生，不能"一棒子打死"，更要善于发现他们身上的"闪光点"。其次，要善于运用适当的目标激励所有成员。要引导全班学生积极主动地制定班级远、中、近努力目标，以及小组、个人目标。同时还要采取各种有效措施，使目标具体化并变为行动过程。最后，要运用各种激励方法，调动学生的积极性，激发学生的潜能，促进全体学生健康成长。

（二）自主参与原则

一个班级，如果只有管理者的积极性，靠管理者单枪匹马地"管理"，没有学生的积极参与，班级管理也不可能有很高的效率，班集体也难以形成。当然，"自主参与"与不负责任的"放羊式"的管理不同，在实施自主参与的同时，不能忽视纪律和秩序。要强调民主与集中的统一。

贯彻自主参与原则要做到以下几点。

第一，管理者要增强民主意识，让学生参与管理决策。无论是制订计划，还是检查监督、总结评比，都要让学生参与，使他们了解班级工作的各个环节，明确自己应该承担的各种义务，学会做班级的主人。

第二，采纳学生的正确意见，接受学生的监督，不搞"一言堂"，切忌家长作风。

第三，发展和完善学生的各种组织，适当扩大班委会的权限，让他们大胆开展工作，锻炼和提高他们的工作能力。

第四，努力创造一种民主气氛，为学生行使民主权利提供机会、创造条件。如设"合理化建议登记簿""合理化建议奖"等，鼓励学生自主参与班级管理。

（三）教管结合原则

教管结合，是指把班级的教育工作和对班级的管理工作辩证地统一起来。具体来说，就是班级管理者对学生既要坚持正面引导，耐心教育，又要结合必要的规章制度要求学生，约束其行为。

贯彻教管结合原则，第一，要求管理者应用科学的道理和正面的事例，对学生进行启发诱导，调动其受教育的内部动力，使他们在思想品德、学业生活等方面沿着正确的方向发展。第二，管理者要引导学生制定必要的规章制度。如勤学习、守纪律、讲卫生、爱护公物、按时作息等，并认真执行，经常检查，及时总结。

（四）情理交融原则

班级管理是以人为中心的管理。少年儿童具有丰富的情感，对他们的管理与教育必须有感情的激发和熏陶。同时，小学生又是单纯幼稚的，对他们的管理与教育还必须讲道理、摆事实，启发诱导，情理交融，帮助他们提高认识。

（五）协调一致原则

影响学生成长和班级管理的主要因素是家庭、社会和学校。作为班级管理工作者，首先，要加强与家长的联系，充分利用社区各种资源，为班级管理工作的开展提供平台，增强班级管理的有效性。

其次，要充分发挥教师集体的作用，尊重科任教师，及时向科任教师反映学生的意见和要求，激发科任教师关心班级工作的热情，达到互相配合、共同为班集体建设出力的目的，形成一个有条不紊的班级管理体系，增强班级管理的实效性。

最后，要做好与少先队和班委会的协调工作。少先队组织和班委会是学生集体的核心，是班级管理的依靠力量。要充分发挥他们在班级管理中的主动性、积极性和创造性。

第二章　班级目标管理

班级管理是一种有着明确目标追求的教育实践活动。班级目标的设定是组建班级的首要任务之一，是班级群体向班集体迈进的根本条件。从某种意义上来说，只有通过目标，班级才能形成真正的班集体，而班集体建设的一切工作和任务，最终都是为了有效地实现某种预定目标。

第一节　目标管理概述

一　目标管理的概念

目标管理（Management by Objectives）是美国著名管理大师彼得·德鲁克在其1954年的知名著作《管理实践》中最先提出的一种管理方法。所谓目标管理乃是一种程序或过程，它是组织中的上级和下级一起协商，根据组织的使命确定一定时期内组织的总目标，由此决定组织的分目标，并把这些目标作为组织经营、评估和奖励每个单位和个人贡献的标准。这种管理制度由于有了明确的目标作为对组织成员工作成果的考核，从而使对组织成员的评价和奖励做到更客观、更合理，因而可以大大激发他们为完成组织目标而努力。[1]

二　目标管理的特点

具体而言，目标管理具有以下几个特点：

（一）重视人的主观能动性

目标管理是一种参与式的、民主的管理制度，也是一种把个人需求与

---

[1]　田恒平：《中小学班级常规管理》，华东师范大学出版社2008年版，第51页。

组织目标结合起来的管理制度。在这一制度下，班主任与学生之间是平等、依赖、支持的关系，学生在承诺目标和被授权之后是自觉、自主和自治的，因而，目标管理能调动师生的主观能动性。

（二）强调人的"自我控制"

组织成员自己就是目标的制定者，对他们来说，目标是明确的，责任也是明确的，奖罚标准同样明确，每个人都可以用目标指导自己的行动，实现自我管理。

（三）突出系统整体的管理方法

目标管理通过专门设计的过程，将组织的整体目标逐级分解，转换为班级或个人具体的分目标。在目标分解过程中，权、责、利三者已经明确，而且相互对称。这些目标方向一致，环环相扣，相互配合，形成协调统一的目标体系。只有每个人员完成了自己的分目标，整个班级的总目标才有完成的希望。

（四）强化成果管理

目标管理以制定目标为起点，以考核目标完成情况（即成果）为终点。成果是评定目标完成程度的标准，是评价管理工作绩效的唯一标准。

目标管理以目标为中心，要求把管理的重点转移到目标上去，即转移到行动的目的上去而不是行动本身。对目标管理来说，实现目标的行为是从属于目标的，目标本身就对行为有着控制能力。目标管理在性质上则是一种体现了系统性和"以人为中心"的主动性的管理。目标管理由于以目标为中心，所以能保证组织的总目标和各个分目标之间以及各分目标之间互相关联、互相保证、互相支援，形成一个目标网络系统，保证了目标的整体性和一致性，从而使整个管理活动和组织行为都具有连贯性和协调性。[1]

三　目标管理的优缺点

（一）目标管理的优点

目标管理作为一种管理制度和方法，具有其他管理制度和方法所没有

---

[1]　刘宇辉：《目标管理在班级管理中的应用》，《职业技术》2009年第6期。

的优越性。概括起来，目标管理的优点有以下几点：其一，有助于提高工作效率。通过目标管理，可以使各项工作都有明确的目标和方向，可以避免工作的盲目性、随意性和被动性，避免形式主义和无效工作。其二，有助于提高工作的科学性。通过目标管理的系统分析，可以提高计划工作的科学性和整体协调性，有助于最大限度地调动所属人员的进取心、责任心和荣誉感。其三，有助于提高工作的调控性。目标管理还可以解决控制的两个难点，即控制标准即是目标，控制手段即是自我控制。其四，有助于提升凝聚力。目标管理有助于组织成员的团结合作，进而形成和提升组织的凝聚力。

（二）目标管理的缺点

作为一种管理策略，目标管理也有自身的局限性，主要表现如下：

第一，现今存在的目标管理模式都具有一定的局限性，如目标管理刚性太强，缺乏弹性，有些目标难以明确表达等；

第二，没有被列入目标的工作易被忽视，会影响整个组织管理工作的效率和效益；

第三，在目标的实现过程中，也往往会由于片面强调个人目标的完成，而忽视各项工作之间的有机联系；

第四，有些目标可能无法有效地进行分解和落实；

第五，有时奖惩不一定都能和目标成果相配合，也很难保证公正性，从而削弱了目标管理的效果。

第二节　班级目标管理的意义与原则

一　班级目标管理的含义

班级目标管理是指班级管理者通过目标设置来规定集体活动的方向，以目标达成度（即效果）来评价其贡献的大小，用目标来激励、调动学生的积极性和主动性，引导学生实行自我控制并完成目标的管理方法。它把班级管理的目的、班级的任务转化为目标，并使班级组织的目标与班级内的各项活动、班级内学生个人的目标融为一体，从而使班级与班级成员形成一致的目标方向，构建明确具体、切实可行的目标体系。

二　班级目标管理的意义

尽管目标管理主要运用于企业管理领域，但它在学校班级管理中同样可以发挥其效用。主要表现为以下几点。

（一）调动全体学生的积极性

人的需求大致可以分为物质需求和精神需求两种，学校提供给学生的主要是精神层面的需求，除了最基本的满足学生的求知需求以外，还应提供学生的社交需求、尊重需求和自我实现需求。目标管理恰是一种以人为本的激励管理模式，强调参与性、民主性和自我控制性。在班级管理中实施目标管理，使学生参与制定集体目标并拟订自己的个人目标，再由他们自己去贯彻实施，可以有效地满足学生的集体归属感、尊重感乃至成就感。按照马斯洛的需求层次理论，这些高层次的需求是激发人行为的最强大的动力，目标管理可以利用学生的进取心理，满足其正当需求，进而集中班级全体学生的力量，促使班级每位学生各司其职、各负其责，使他们紧紧围绕班级管理目标和个人目标，充分发挥其聪明才智和潜能，调动他们的积极性。

（二）促进良好班风的形成

目标管理动员了全体学生参与，把目标制定与分目标的实施都落实到每位学生身上，从而使全体人员明确了共同目标，增强了他们的集体观念。目标管理重视目标成果，成果越大，说明对班级贡献越大，得到师生的赞誉和肯定也越大，可以起到争先进、促后进的作用。班级管理目标是靠全体学生共同协作、互相配合来完成的，在管理全过程中，通过班主任、班干部及全体学生的调节与自我调节，解决各种问题和矛盾，融洽师生之间、学生之间的人际关系。

（三）实现班级管理的规范化、科学化

目标管理是一个完整的、科学的管理活动体系，它不同于传统的管理方式，在过去，班级管理通常是被动式的，即出现问题—解决问题—新问题……班主任只是扮演救火员的角色。而目标管理方式是：树立目标—实现目标—新目标……这种管理使班主任实现了从家长式、事后把关、重表象的管理，向民主式、分权式、分层式管理的转变。

（四）推进素质教育的全面实施

实施班级目标管理，通过激励作用和良好班风的建设，可以培养学生的好胜心、求知欲，帮助学生自主学习、独立思考，保护学生的探索精神、创新思维，营造出崇尚真知、追求真理的氛围。教师和学生之间通过共同制定、实施、评价班级管理目标，可以相互学习、相互切磋、相互启发、相互激励，培养学生的团队精神、协作精神，树立集体荣誉感，锻炼学生的人际关系能力。目标管理的核心理念——自我控制的贯彻实施，可以有效地培养学生的自我管理能力、意志力。所有这些，都契合了当前实施全面素质教育的需要。

三　班级目标管理的原则

一般来说，班级的目标管理应遵循以下原则。

（一）方向性原则

坚持社会主义的办学方向和国家的教育方针政策是各级各类学校首先必须要遵循的基本原则，班级目标管理也离不开这一宗旨。因此，班级目标管理应体现国家的教育目的，并在一定程度上体现社会及学校对学生要求的基本方向和质量规格，它是这些要求在管理工作中的具体化。所谓教书育人、管理育人，必须把坚定正确的政治方向放在首位，舍弃此目标管理就等于丢了灵魂。

（二）激励性原则

一个好的目标应当具有较强的吸引力和较高的达成度，而达成度的高低取决于吸引力的强弱，班主任须根据学校的总体目标，针对本班的现状，着眼于学生的最近发展区，选择一些经过努力能够达成的目标，引导学生"爬坡"，使全体学生在实现目标的过程中都能分享到成功的快乐。

（三）可测性原则

班级目标必须是可量化、可操作、可评估的，具有看得见、摸得着的特征，而不是抽象的模糊之物。目标在实施过程中应分阶段、按要求进行定量分析，有些不能直接量化的指标，可以先定性然后进行二次量化，有些指标经过实践无法测量，要更换合适的指标。

班级的目标管理实际上是一项有目的、有步骤、有控制的系统工程，过于僵化、整齐划一的目标管理可能导致班级制度趋于"高学习、低关心""见物不见人"，甚至"目中无人"。班主任要掌握包括"系统论""控制论"在内的有关管理知识，在实践中恰到好处地展示班主任的教育智慧和教育艺术。①

第三节　班级目标管理的过程

一　班级目标构建

在确定班级目标时，班主任应引导学生依据国家的教育方针政策、学校的培养目标和班级成员的实际情况，在民主集中制的基础上制定具有一定高度又有可行性的目标，并做到将长远目标和近期目标、集体目标和个体目标有机地结合起来，引导班级和成员由一个个小目标走向大目标。一般来说，班级目标的构建应包含以下几个环节和步骤。

（一）制定总目标

班级总目标的制定方法可以根据学生的成熟度的不同，分别采用自上而下和自下而上的方法。自上而下法适用于低年级但通用于各个年级，先由班主任提出总体理念，然后交给学生们讨论，最后修改形成班级总目标；自下而上法适用于成熟度比较高的年级（尤其是在低年级时已经实行过目标管理的班级），由学生自己讨论，提出目标，再由班主任审议，形成班级总目标。如"班级目标建设"案例中，班主任刘沛森老师就引导学生确定他们班经过初中三年学习后应达到的目标是"市级优秀集体"水平，并分别从 10 个方面来具体阐述。一般来说，制定班级目标时主要应把握以下三个原则。

1. 参与性原则

班集体目标要由班主任与学生共同确定。在现实工作中，很多班主任都自认为在实施目标管理，但他们在制定班级目标时，往往都是班主任一人做主、总揽班务，这显然是与目标管理的基本理念相悖的。当代的中小学生，往往有更多的参与欲望，渴望在班级中体现自己的价值，如果仅由班主任一个人做主，没有广泛的学生参与，对于大多数学生而言，就会逐渐丧失对班级管理的热情，从而不利于班委会开展工作，不利于班级各项活动开展与目标的实现，使班级目标失去应有的教育意义。因此，在制定

---

① 檀传宝：《德育与班级管理》，高等教育出版社 2007 年版，第 356—358 页。

班级目标时，要经过学生反复讨论与筛选，而班主任的主要任务是对学生进行宣讲，让学生明白制定这些发展目标的意义，在取得学生的共识后才能成文。

2. 集体与个体相结合原则

集体目标与个体目标相结合是指班集体的奋斗目标应能反映全班学生的共同要求和强烈愿望，是全班同学共同追求的目标。但是由于每个学生的思想水平、知识水平和能力等的不同，在设定集体奋斗目标时要考虑个人的需求，在个人发展需求的基础上使个人目标与集体目标统一起来。一般来说，集体目标的实现应为个人目标的实现提供良好条件，个人目标的实现又应是集体目标实现的组成部分。例如要提高个人学习成绩，仅仅靠个人奋斗难以彻底达到目的，它依赖于班级提供良好的学习氛围，在个人出现学习困难时可通过集体力量获得帮助。

3. 激励性原则

激励性是指目标制定以后，能够凝聚班级各种力量，协调班级各种活动，成为学生个人乃至全班的学习动力。目标提出以后必须同具体的事例相结合，进一步转化为学生的学习与生活目标。激励性的关键在于使学生感觉到有进一步行动的价值，并且克服困难，向着既定目标前进。这就需要班主任发挥宣传作用，通过名人示范、学校中的优秀代表的现身说法，以及学生个人的带头作用，调动班集体的积极性，使这些规范经过被同学理解、立志克服困难到付诸实际行动。

（二）目标层级的分解

首先把班级管理目标分成若干项目的二级子目标，如日常行为规范子目标、学风子目标、集体荣誉子目标，等等；然后再把二级目标分解成具体的三级子目标，如日常行为规范子目标又可以分解为课堂行为规范、餐厅行为规范、宿舍行为规范、集会行为规范，等等，如此层层展开，最后落实到使每个学生制定个人目标。与此同时，班级目标还应纵向分解为短期目标、中期目标和长期目标，从而构成班级目标管理体系。如上文提及的案例中，班主任刘沛森老师就引导学生确定他们班在每一阶段应达到的目标——"半年内达到'校级良好班集体'水平，一年内达到'区级优秀班集体'水平，三年内达到'市级优秀班集体'水平"。

二　班级目标的实施和控制

（一）目标的实施

1. 定责授权

在目标分解的基础上，每位学生要建立与班级目标相适应的个人目标，使大家明确各自在实现班级目标中应该做什么，应达到什么样的要求和拥有什么权限。这样有利于广大学生充分发挥个性特长，通过个体创新思维和创造性的工作，采用不同的方式方法来达到共同的目标。

2. 商定目标值

目标值是目标内容的定量化，有时间、数量、质量、程序等指标，通常我们可以用百分比或换算成等级来表示。目标值凡能用数据表示的要尽量用数据表示，避免用模棱两可的概念指标。如在"班级目标建设"案例中，初一（2）班的班级建设目标就要求学生"人人都有自己的兴趣和爱好，人人有自己喜爱的学科，人人有自己喜爱的劳动，人人都会1—2种小制作，人人都讲普通话，写规范字，人人都学会2—3种自我服务的技能"。还可以用"目标树"或矩阵图来表示目标内容、目标值、对策、责任者、时间等基本内容，使其形象清晰、结构一目了然。此外，还应把握激励性原则，即目标值应略高于一般性指标，以提高学生积极性、工作能力和创新意识，起到激励、诱导作用。

3. 制定措施

目标值确定后，必须要有相应的实现目标的措施。首先是要求学生熟悉和深入理解班级的各项目标要求，在此基础上制定实现目标的措施。为使措施能得到很好的实施，最好每个学生和班级签订《目标管理责任书》或"目标管理卡"，其内容包括目标项目内容、目标值、成果评价、签发日期和签订人等。目标的实施必须有相应措施来保证，措施应该由学生自己制定，这样才更符合实际，更具有可操作性，并能调动学生的主动性，一旦实现目标，就会产生成就感，满足其高层次的心理需要，从而形成激励，使学生既服从管理又主动参与管理。

（二）目标实施的指导与控制

目标实施的指导是引导学生实现目标的过程，它是目标管理的核心环节，是将目标变为现实的关键，也是班级管理工作中的重点和难点。在目标实施过程中，对具体工作中的困难和问题，师生之间要相互给予及时的帮助，要出主意、想办法，提供物质或信息的支持，做好必要的思想工作。学生干部应成为沟通师生信息的桥梁，做好班主任的助手。班主任要深入实际，经常亲临工作现场指导工作，注意引导而不是代替操作，更不要压制。科任老师或班主任一定要为学生实现目标提供全面的支持和指导，其支持和指导可以重点抓以下三个方面的工作：

1. 及时发现问题

实践告诉我们，困难会导致挫折感的产生，挫折感又会抵消目标的激励作用。如数学成绩不稳定，可能使数学这门课程成为学生的心病，甚至使其产生放弃的念头。

2. 关心指导学生

班主任在了解学生存在的问题后，要及时想办法，引导和帮助其克服困难，解决问题。如上述案例中，老师帮助学生分析了其数学成绩差的主要原因（基础差、学习方法不当）后，要求其做到两点：一是认真做好课前预习、上课认真听讲、课后复习三个环节；二是每周周末抽出时间将老师所讲的内容整理一下，不清楚的及时请教老师。经过老师的精心教育和自己的努力，使学生的数学取得令人满意的成绩。

3. 保持挑战性

时间一长，有时计划难免会流于简单重复，失去目标的激励作用。保持计划的挑战性也是确保激励活力的关键。如某班在初三最后一年要求同学根据自己的实际制定目标，根据不同层次确定小组，以每次月考为依据进行层次的调整，不仅在组内，而且在组与组之间进行了竞争，激活了他们的动力，形成了良性竞争。[①]

在此基础上，班级应根据目标设置，成立目标管理检查小组，检查小组应主要由学生干部和普通学生组成，还可聘请科任老师参加，配合班主任和班干部进行经常性的检查，检查班级各项目标实施进度情况、质量情况、措施落实情况等。目标控制是以检查为基础进行的。班级管理中的控制是指师生为保证实际工作与目标要求相一致而采取的管理活动。它的基本过程为：明确目标要求、检查实施效果、对比找出偏差与采取措施纠正偏差。班级目标控制主要有以下几点：

---

① 郑竞发：《目标激励在班级管理中的运用》，《科技信息》2007 年第 30 期。

（1）自我控制。它是指学生根据《目标管理责任书》或"目标管理卡"的要求，进行自我检查、自我纠正偏差，实行自主管理。

（2）逐级控制。按照层级管理原理，班主任抓目标管理的检查组，检查组抓班干部，班干部抓全体学生。注意在控制中，一定要逐级控制，不要随意插手下一级的工作，特殊情况除外。

（3）关键点控制。这是一种选取对实现班级总体目标有决定意义和重大影响的关键因素进行重点控制的形式，这些因素包括人、事、物、时间、空间和信息等，需要班主任和全体学生投入较大精力。

三　目标成果的评价考核

对目标成果的评价是目标管理的最后一个阶段，也是下一个目标管理周期的开始。其目的有以下三点：一是掌握各级目标完成情况，为正确进行奖励或批评提供依据；二是认真总结经验教训，以便发扬成绩，克服缺点，进一步提高目标管理水平；三是对班级成员有明显的导向作用和"示范"作用。考评工作中肯定什么、赞扬什么、鼓励什么，都是具有"示范"意义的导向。目标成果的评价考核方式主要有以下几种。

（一）考评

班级管理的成果是以目标的实现程度来评价的，因此对实现目标的考评就相当重要。目标考评是建立在检查的基础上，没有检查就没有考评。进行成果评价的依据是目标的完成程度、目标的困难程度和为完成目标的努力程度。成果评价一般采取自我评价和领导考核相结合，且以自我评价为基础的方法。把目标完成的数量、质量、进步率等综合起来，换算成百分比，便可得出各项工作和每位学生的工作成果情况。

（二）诊断

诊断是通过调查研究，找出存在的问题，分析产生原因，提出切实可行的方案，使问题得到解决。首先是诊断目标——项目目标是否合理，目标难易程度是否恰当，目标措施是否有效，资料、信息、数据是否准确，量化方法是否科学等。其次是个人诊断，可采用个人自查、同学互查、了解反馈信息等方式，对照《目标管理责任书》或"目标管理卡"，找出问题产生的主、客观原因，明确应该加以改进的薄弱环节。最后是班集体和个人针对存在的问题提出改进方案，民主讨论协商，使之切实可行，并纳入下一个目标管理周期运行。

（三）奖惩

对于目标完成良好的学生，应该适当奖励。奖励时要坚持以精神奖励为主、精神和物质奖励相结合的原则，通过多种奖励手段，激发全体学生的积极性。譬如设立"三好学生""优秀学生干部""文明学生""科技创新先进个人""文化艺术活动先进个人""体育活动先进个人""社会服务活动先进个人"等精神荣誉奖励，结合各类奖学金、助学金等物质奖励，使学生获得各层次尤其是尊重需求、自我实现需求等高层次的心理满足，从而激励、强化学生的正向行为。而对于目标完成差的学生，教师要给予特别重视，不放弃他们。现代管理科学中有一个比喻性的概念——木桶理论，意思是说，一只桶的容水量，不取决于构成木桶的那块最长的木板，而取决于最短的那块木板。因此，要想使一只木桶能够盛更多的水，就要知道哪块木板最短，并设法弥补这块木板。① 根据木桶原理，教师要想使班级发展更上一个台阶，就要帮助暂时后进的学生查找、分析原因，如果是主观不努力的原因，也必须批评和适当惩罚，这里的惩罚不是体罚，是"热炉效应"，是一种善意的挫折，真诚的帮助，是学生为自己的错误受到应有的责罚，是自己承认并且内心接受的，不埋怨班主任、同学、家长，不托别人讲情，自己依规矩办事。惩罚的目的是引导学生在下一个目标管理周期走向良性发展。

班主任要注意，班级管理实行目标管理的方法，要重视将奖惩与思想教育相结合，"晓之以理，动之以情"，才能从根本上解决学生的思想问题，做好班级管理工作。

---

① 傅廷奎：《木桶理论对班级管理工作的启示》，《中小学教师培训》（小学版）1995 年第 6 期。

第三章 班级组织建设

班级作为学校对学生进行教育教学及管理活动的基本单位，是学生学习和成长的重要场所。管理一个班级，从根本上说就是要把班级组织建设好。因此，如何把一个班级组织建设成为一个班集体，使它成为师生共同的精神家园，对于班主任而言，尤为重要。

第一节 班级组织建设概述

一 班级组织的内涵

（一）组织的含义

"组织"的概念有两层含义，一是指静态组织，即为实现共同的目标而使群体成员能够和谐协作的一种人群结构形式；二是指动态组织，即建立起组织运作或生产经营功能实体的一系列活动，它是组织的职能表现形式。组织结构是人们实现共同目标活动的管理需要之一，而组织职能的结果就是建立有效的组织结构形式。人们结成组织，是因为组织能发挥个体所不能发挥的作用，因此，要使组织充分发挥它的职能，就要不断进行组织建设。

（二）班级组织的含义

班级组织作为一种微观社会系统，也是一种正式的社会组织。班级组织是一个有一定人数规模的学生群体，由学校行政部门根据一定的任务，按照一定的规章制度组织起来的、有目标有计划地对其执行管理、教育职能的正式群体。班级组织既是开展教育活动的基层单位，也是学生开展活动的单位，同时还是学校教育管理工作的基本单位。

班级组织这种学生群体，在它建立之初，是由一群年龄相同或接近的儿童组合而成，并被赋予一定名称，如某年级某班；又委派一个班主任进行管理，于是就有了组织的形式。但是这个组织要成为一个真正意义上的组织，则需要在组织架构、制度规范和组织精神等方面，进行全面的建设。对班级组织管理的过程，正是其建设的过程。从这个意义上说，班级管理就是组织建设，组织建设就是班级管理。

二　班级组织建设的意义

（一）有利于发挥教育作用

班级组织作为一个社会化机构和教育过程，其建构主要是为了教育，所以其首要的意义和原则是有利于教育，而且班级组织一旦建立，其本身蕴含着巨大的教育潜能。这是因为班级组织作为一个独特的教育影响源，是社会影响和教师影响的折射，它是班级环境中教育因素的转换器，有利于促进学生的社会化和个性化发展。建构主义认为，儿童（学生）的知识不是通过教师传授得到的，而是在一定的情境即社会文化背景下，借助其他人（包括教师和同学），利用必要的学习资源，通过意义建构而获得的。班级组织正是为儿童（学生）的学习和发展提供了社会情景，成为学生个人社会化的最基本机构。从孩童进入幼儿园，就要学习各种价值观念和行为习惯，班级组织能够为班级成员提供发展的机会。这些发展涉及认识、情感、兴趣态度和社会技能等。班级组织也为班级成员的角色学习提供机会，其对个人的教育影响是通过模仿、感染、暗示、从众、认同等社会心理机制实现的，具有潜移默化的特征。

（二）有利于实现班级目标

为了实现教育目的而专门建立起来的班级组织既是班级授课制的基层教育组织，又是学生集体学习、劳动、游戏等社会活动的基本组织形式。组织是班级活动的载体，是班级成员自觉实现预定目标的工具。班级组织按照社会需要和教育目标，在组织学生开展学习、交往、游戏、劳动和社会实践活动中，向学生传授科学文化知识，形成其社会生活基本技能；教导学生社会生活规范，训练其社会行为方式；向学生进行世界观、人生观、道德观、审美观教育，把个人需求、兴趣、愿望升华为符合社会期望的生活理想、职业理想和社会理想，使学生成为热爱祖国、造福人民的公民。任何社会活动都需要人们以共同的意志和共同的步伐为基础，分散的个人由于有意或无意的个人动机可能会与班级的目标相抵触，组织作为群体意识和群体力量的集合，就会责无旁贷地担负起这种使命。①

（三）有利于聚合班级成员力量

班级组织以其特有的结构及运行机制，可以起到对其内部成员和外部机构或成员进行协调的作用，集中和放大各种单个的力量。这种协调机制一方面通过纪律、舆论、传统、制度等手段约束个人行为，减少内耗，形成意志；另一方面通过协调使人们的行为更符合各种活动的规律性，使集体的力量恰如其分地发挥叠加作用，从而大大超过单个个人所能表现出来的力量。

（四）有利于发挥沟通作用

信息是社会生活运转的基本条件，作为在意识支配下自觉行动的人类，需要获得各种信息、指令去指导自己的行动。在高度竞争的现代社会中，信息传递的正确、迅速是任何工作成功的基本条件之一。而组织有严密的结构、严谨的行为规范和行之有效的沟通手段，在内部与外部之间形成良好的沟通渠道，使上情下达，下情上传。

三　班级组织建设的要求

1. 正式组织与非正式组织相结合

根据班级成员之间相互关系的形成基础，可将班级组织划分为正式组织和非正式组织。班级正式组织是指根据组织章程或正式规范建立起来的学生群体，是为了有效地实现组织既定目标而明确规定组织成员之间职责范围和相互关系的一种结构。班级非正式组织是指没有正式规定的组织，是班级成员之间因性格、能力、兴趣和爱好等原因而自发形成的学生群体。虽然非正式组织没有明确的规范，但是非正式组织对其成员的思想和行为却有着至关重要的影响。如一个本不爱学习的学生，有可能受其所在的非正式组织成员的影响而变得热爱学习，一个不爱体育的学生也有可能变得热爱体育。因此，班主任要善于对非正式组织进行引导，把非正式组织看作正式组织的有益补充。

2. 静态与动态相统一

从静态方面来看，建立班级组织就是要形成一个组织结构，任何一个

---

① 傅建明、胡志奎：《班级管理案例》，广东教育出版社 2009 年版，第 184 页。

组织的存在都是以其结构的存在为前提的，没有组织结构，就不可能有组织。同时，班级组织作为一个具有学习性、发展性和教育性的组织，不是组织的成员为组织而存在，而是组织为组织成员的发展而存在。因此，班级组织不仅是一个静态的存在，更是一个动态的和生成的过程的存在，不断由低级向高级发展。一般而言，班级组织在其发展过程中，会经历以下几个阶段：从班级到初建组织，从初建组织到稳定的组织，从稳定的组织到班集体等。①

第二节　班级组织机构的建设

为了确保班级管理目标的实现，必须组建健全而完善的班级组织机构，进行班干部的选拔与培养，这是班级组织建设中的重要内容。因此，每一个班级都应有一个健全的班级组织（小学是班委会、中队委员会，中学是班委会、团支部），一般由班长（中队长或团支书）、学习委员、宣传委员、文娱委员、体育委员、生活委员组成，他们负责班级的各项工作，在班级与教师、学校之间起到桥梁作用。健全的组织有助于班级实行自治，提高班级自我管理的水平，而要健全班级组织，最主要的是要选拔和培养班干部及班级骨干队伍，使班级形成坚强的核心，以引导、带动班级全体学生，实现共同进步的目的。

一　班级组织机构概述

（一）班级组织机构的含义

班级组织机构是指班级全体成员在教育者指导下，为使班级及每一个成员获得良好发展而设置的一系列班级管理的职能机构及其运行机制的总和。

（二）班级组织机构的作用

班集体的组织机构在班集体自身建设与发展中具有极其重要的作用。主要表现如下。

---

① 王健、邓睿：《让班级成为师生的精神家园：班级建设的理论与实务》，学林出版社2009 年版，第46—48 页。

1. 明确权责

由于它明确规定了班级公务性活动中成员之间的相互关系及行为准则，要求成员之间既有分工又有合作，相互平等，相互尊重，既对社会、集体和他人负责，也对自己负责。因此，它既是形成班级内成员间的责任依从关系，提高班级自主性的决定性因素，又是班集体进行自我管理，发挥自主能动性的组织基础。

2. 促进学生社会化

班级组织机构的运行过程，也是班级的自我管理过程，学生按照组织规定，行使自己的管理权利，承担班级委托的责任，在个人之间、个人与集体之间的各种关系中，参与集体的生活，这是一种社会化学习过程。因而班级组织机构是促进学生社会化的有效手段。

二 班级组织机构的形式

班级作为正式的社会组织，需要有一定的组织机构，而且组织机构的建立可以为组织正常的运行提供坚实的基础。班级中的正式组织机构主要有以下几种形式。

（一）班委会

班委会通常由班长、副班长及学习委员、宣传委员、文娱委员、体育委员、劳动委员、生活委员、卫生委员等成员组成，各班委按分工各自负责某一方面的工作，协调各种关系和解决班级内存在的问题，及时地处理班级内发生的事情。同时，也要积极组织本班学生参与学校、年级组织的各种学生活动。班委会是班委进行集体领导、协调、决策的形式，是班级的核心组织。班委会产生的方式因年级不同而不同，低年级往往由班主任任命或在班主任指导下民主选举产生；年级越高，班主任一般会更加重视充分发挥学生的主体性，充分发扬民主原则，如通过竞选产生等。

（二）班内小组

班内小组是班级组织机构中最基本、最活跃的组织形式，也是学生个性获得发展的摇篮。班主任可引导班级建立各种类型的小组，如图书管理组、卫生监督组、公物管理组、各科兴趣小组、集邮小组、小记者团、合唱队等，为学生的兴趣爱好和能力的发展提供丰厚的土壤。

（三）班级少先队组织

在小学，与班委会平行并列的班级组织是班级少先队组织。《中国少年先锋队章程》规定，少先队是中国共产党创立和领导的中国少年儿童的群众组织，是少年儿童学习中国特色社会主义和共产主义的学校，是建设社会主义和共产主义的预备队。[①] 班级少先队组织是班内少年儿童自己的组织，它接受学校少先队大部队的领导，并在中队辅导员的具体指导下，参与开展各种丰富多彩的少先队活动，使少先队员自主性、创造性得到发挥，思想和道德品质得到锻炼和提高。班级少先队组织的核心是中队委，设中队长一人，中队委若干人，下又分设若干活动小队，每小队设正副小队长各一人。由于班内的适龄学生一般都是少先队员，因此在实际班级活动中，有相当一部分是以少先队的形式组织的。这对形成班内少先队集体，促进班集体建设是十分有利的。

（四）班级共青团组织

在中学，与班委会平行并列的班级组织是班级共青团组织。共青团是先进青年自己的组织。进入中学后，班内逐渐发展了一些先进青年团，团员达到一定数量后，便可单独成立班级共青团组织，建立团支部。团支部设书记及支委若干人，下设若干小组。团支部书记和支委一般不兼任班委。共青团组织直接受学校党支部、团委的领导和具体指导，组织团员进行政治学习，开展批评与自我批评，自觉在各种活动中积极带头，以身作则，关心集体与他人，以团支部自身的建设推动班集体建设，同时又积极教育和吸引更多的班内先进青年，发展自己的团组织。

在班级组织建设过程中，班主任采取何种形式来创建和完善班级的组织机构，还可以根据班级的具体情况来确定。如魏书生老师任班主任时，除了设立"常务班长"外，还设立"值周班长"和"值日班长"，为了实现"班级的事，事事有人做；班级的人，人人有事做"的理念，设置了"花长"（养花负责人）、"鱼长"（养鱼负责人）、"炉长"（生火炉负责人）等。[②] 有的班主任提出改变干部终身制，让学生自选服务岗位，实行岗位责任制等。这种根据班级具体情况因人、因地、因时、因事设立班级组织机构的做法也是值得借鉴的。

---

① 洪明：《少先队的组织属性及其变革——自组织—他组织框架下的再认识》，《教育理论与实践》2011年第6期。

② 魏书生：《班主任工作漫谈——献给青年班主任》，漓江出版社1993年版，第377—418页。

三 班级组织机构的运行模式

班级组织机构的运行模式主要有控制型、民主型、综合型三种。

（一）控制型

控制型运行模式的主要理念是强调控制。在班级组织机构运行中表现为：班级权利主要集中在班主任手中，对全班实行统一指挥，控制整个班级；班主任与班长、组长、学生之间的关系是一种上下级之间的直线关系，这是一种自上而下的管理模式。由于权力集中，有利于规范管理，提高组织工作效率，这是它的优点，但也由于权力过分集中于班主任，往往使班干部的工作积极性及学生参与班级管理的积极性受挫，不利于班集体的良性发展。

（二）民主型

民主型的主要理念是凸显民主。在班级组织机构运行中表现为：既分工管理，又相互协作。各种职能管理人员，如班长、学习委员、生活委员、体育委员、文娱委员、组长等在自己的工作范围内，有权向下级下达命令和指示，直接安排班级的活动，同时在工作中还要相互协作。这种运行方式的优点是班干部可以帮助班主任分担班级的工作，使班主任从繁重的班级事务管理中解脱出来，而且有利于班干部工作积极性的发挥，提高他们的管理能力和管理水平。不足之处是当学生干部工作能力或协调能力较弱时，各司其职可能会影响组织工作效率，而且如果职能人员分工过细或不明的话，还可能出现相互推诿和扯皮的现象，从而影响班级管理的整体协调，造成管理上的混乱。

（三）综合型

该模式是把控制型和民主型结合起来，它的理念是力求避免控制型和民主型带来的不足，既不使组织工作效率受影响，又尽量民主。即班主任拥有一定的权利集中，但是又能放手让各种职能管理人员直接参与班级管理，扶放结合。

在班级组织建设中，班级组织机构的运行模式应根据学生的年龄特点和身心发展规律做出选择，如小学低年级学生，知识经验少些，自主能力和组织能力弱些，也就需要班主任权力集中些，随着学生年龄的增长和年级的增高，学生参与班级管理的范围可更广泛些，更深入些。但需要注意的是，无论采取什么运行模式，都应紧紧围绕班级组织建设的具体目标，要把班干部的工作积极性和学生自我管理的积极性充分调动起来。

四　班干部的选拔与培养

班干部是班主任的得力助手，是班级学生集体的核心和骨干力量。在班集体建设中，班主任虽起着重要作用，但归根结底是外因，要想把班集体建设好，更主要的是靠班集体内因的力量，而内因力量的发挥在相当大的程度上取决于班干部作用的发挥。实践证明，班级工作能否顺利开展，班级奋斗目标能否实现，关键在于是否有一支得力的班干部队伍。

（一）班干部的选拔

1. 班干部的选拔标准

一般而言，班干部的选拔标准应包括以下几个方面：

（1）具备担任班干部的基本素质。班干部应是学生中的优秀分子，要有正直、诚实等良好的品行，热爱集体，关心同学，愿意为同学服务。班干部不仅要对自己负责，更要对班主任负责，对同学负责。因此，一名合格的班干部应具有高度的责任心。班干部不是官，而是公仆，是不给报酬、免费为同学服务的，这种服务的回报就是同学的信赖和自身能力的提高，所以当班干部就要有吃苦在先、享受在后的牺牲精神。就要牺牲一些个人的时间和精力来为大家服务，甚至会比普通同学受更多的委屈，承担更多的压力。没有牺牲和奉献精神，只想着通过当班干部这条途径来为个人发展捞取政治资本的人是别有用心的，这种极端个人主义的人不仅在班级中不受欢迎，更没有资格做班干部。[①]

（2）要有端正的学习态度和良好的学习成绩。学生干部首先是学生，学生是以学习为主要任务的人。没有良好的学习态度和学习成绩，想在学生中有较高的威望是不可能的。

（3）要有一定的交往能力和组织能力。班干部不论具体分工如何，都必须与同学接触，要与同学打成一片。所以，交往和组织能力是班干部必须具备的一种素质。很难想象，一个不善于交往的学生能够团结同学，影响同学，在同学中享有较高威信，带动同学一起为共同奋斗目标的实现而努力。而具有较强交往、组织能力的学生，一般能虚心听取同学意见，

---

① 吴小海、李桂芝：《班主任九项技能训练》，首都师范大学出版社 2008 年版，第 58 页。

能得到同学的认可和支持，把同学团结在一起，带领同学为了班级的共同目标而努力奋斗，从而提高班级的战斗力，增强班级的凝聚力，有利于班集体的形成。

（4）要有健康的体魄和良好的身体素质。若是让动辄请病假或休学的学生担任班干部，不仅影响班干部作用的发挥，也不利于班级工作的开展，更起不到班干部应有的作用。

以上四点是选拔学生干部的主要标准，但是，尺有所短，寸有所长。因此，班主任选拔班干部时应该在全面了解学生的基础上，从班级的实际情况出发，在比较中加以取舍，而不应苛求，重要的在于今后的教育培养。

2. 班干部的选拔方式

班干部的选拔不应该只是单一产生人选的过程，它应该是一个激发学生主动了解班级、积极投身班级工作的过程，也应该是一个班主任进行管理理念表达和综合了解学生发展状况的过程，所以，班干部的选拔要理念先进，准备充分，方法科学。

（1）任命制。即由班主任推荐和任命班干部。在小学一年级、初中一年级和高中一年级等新班，许多班主任会采取任命班干部这种形式。这种方式的优点是：班主任的意志得到充分体现；有利于树立班主任在班集体中的权威；有利于班集体活动计划的落实。不足之处是：学生的主体性不易得到发挥；容易造成干部"终身制"；容易形成干部和学生之间的情感隔阂。[①]

（2）选举制。集体选举制的一般步骤如下：

第一，班主任先谈谈对班干部选举的想法和愿望，营造一定的氛围，为选举暖身。

第二，在自由平等的气氛中，竞争候选人，尽量动员每一个学生都参与班干部的竞争，这样能充分调动学生"参政议政"的积极性。

第三，班主任在整合和集中意见后，推出参选候选人名单。由学生主持选举，实行差额选举。以得票占多数为当选条件。

第四，在完成写票、投票、唱票、监票、计票等工作后，班主任宣布

---

① 田恒平：《中小学班级常规管理》，华东师范大学出版社 2008 年版，第 5—8 页。

新一届班委会正式组成，并由当选的班干部即兴发言。①

集体选举制往往和民主选举等形式相结合，有助于优秀人才脱颖而出，也有助于竞争意识、民主意识和主人翁意识的培养。而且班干部这个群体能够为全体同学所接受，远比为班主任所接受更重要。

（3）推举制。这种形式一般是建立在班级工作已走上正轨，学生之间有了一定了解的基础上，由学生推举出品学兼优、有能力的学生作为班干部，即通过学生提名和投票选举产生。由这种方式产生的班干部群众基础好，有一定的管理能力，往往具有较高的威信，与大多数学生的关系比较融洽。

（4）自荐制。有的同学各方面条件好，可不爱表现自己，因而很难被发现。为了发挥他们的才能，可采用自荐的方法。教师首先要做好宣传，讲明自荐的作用、意义，鼓励学生敢于自荐。这种方法选拔的往往是既有才能，又愿意当班干部的学生，因此他们往往有很强的责任心和工作能力，容易把工作干好。当然，班主任还要认真鉴别、选拔，做到贤者不漏、差者不选。

（5）轮岗制。即根据一定的规则，班干部轮流担任，一般与民主选举或自由竞争等形式结合起来选出班干部，以后定期改选，但原班干部必须全部或大部分更换，这种形式的优点在于每个学生都能得到锻炼提高的机会，他们会在自己的任期中发挥各自的聪明才智。

对于班干部的产生方式，一般而言，在班级刚刚组建的时候，班干部大都由班主任老师指定临时负责，即以教师任命方式产生，随着班级的逐步发展，班主任对学生的了解越来越多，班级成员之间已彼此熟悉，班级干部的产生就要走民主选举的程序了。可采取集体选举制、毛遂自荐制、学生推举制、全体轮岗制等各种方式。在选举中，班主任要注意采用民主选举方法，尊重大多数学生的意愿，要充分调动学生的参与意识，切忌将自己的意见强加于学生。这样建立起的班委会，群众基础好，富有责任感，普遍受到学生的欢迎，若班主任引导得当，便能很快形成坚强的班级核心。

（二）班干部的培养

班干部的能力不是天生就具备的，而是需要在后天的教育实践中进行

---

① 谌启标、王晞等：《班级管理与班主任工作》，福建教育出版社 2007 年版，第 133 页。

培养和锻炼。班干部产生后并不意味着班级组织机构建设工作已经完成，通过有意识地培养和锻炼，造就一批善于团结同学和具有一定组织能力、工作能力的班干部是班主任工作中一项经常性的任务。对班干部只使用，不教育培养，将不利于班集体的建设，也不利于班干部的健康成长。那么如何使用和培养班干部呢？一般来说要做到以下几点。

1. 关心与指导相结合

教师应积极关心学生干部在德、智、体、美各方面的表现，当他们遇到问题和困惑时要热心指导，不应只向他们施加工作担子。因为班干部毕竟还是学生，他们一般缺乏在集体中工作的经验，班主任应该带领他们开展班级工作，帮助他们经常分析和总结工作中的成败得失，肯定他们的成绩，同时指出他们的不足，鼓励他们树立信心，同时要教给他们工作的方法。班主任在指导班干部的过程中，要着重向他们进行服务意识和奉献精神的思想教育，既要纠正"当干部吃亏"的想法，教育他们"能受委屈才是强者"，[①] 又要纠正"当干部脸面有光"的"官本位"想法，以加强他们的工作责任感，促使他们积极开展工作。

2. 尊重与严格要求相结合

班干部不同于班级中的普通学生，班主任应对他们严格要求，不姑息，不溺爱。要让学生明白自己是一名班干部，处处要以身作则，要起模范带头作用，防止班干部特殊化。尤其当他们有了缺点和错误时，对他们的处理要和普通同学一样，有时甚至要比普通同学严厉，绝不能因为是班干部，就宽容他们的缺点和错误，给他们留面子，放松对他们的要求。只有这样才能帮助他们在同学中树立起榜样和威望，班级工作才能顺利展开。但对班干部的严格要求是建立在对他们的尊重、信任的基础上的，任何严格要求只有建立在对学生自尊心和自信心的保护上，才能真正发挥作用。

3. 放手与扶植相结合

班主任要改变传统的由班主任一手包办的"保姆式"管理、危害学生身心健康的"警察式"管理以及两眼紧盯着学生是否犯规的"裁判式"的班级管理模式，大胆启用班级管理的骨干力量——班干部，让他们成为

---

① 魏书生：《班主任工作漫谈——献给青年班主任》，漓江出版社1993年版，第121页。

协助班主任进行班集体建设的得力助手。班主任要放手把班干部推到班级活动的第一线，培养学生的自治自理能力，让他们独立组织、设计和主持全班的集体活动，使其在活动中显露才华，培养热情，增长才干。同时还要创造各种条件，组织班干部到社会实践中去，经风雨、见世面，接受锻炼。当然，大胆放手不等于放任不管，而是在班干部独立开展工作的同时给予积极的扶植。班主任要充分发挥主导作用，发扬民主作风，当好班干部参谋，掌握好方向，帮助班干部处理好学习与工作的关系，指导他们学会珍惜时间，做时间的主人，教会他们既要善于工作，又要善于学习，以此使班干部在实践中不断得到自我提高和完善。

第三节　班集体建设

班级组织建设实质上就是班级组织发展的过程，它的发展历程一般表现为：从班级到组织的阶段，形成稳定的组织阶段和组织发展的高级阶段——集体阶段，即班级组织建设的目的和归宿就是形成班集体。

一　班集体的含义

（一）群体的含义

群体是一个与个体相对应的概念。所谓个体是指具有人的自然属性与社会属性并能以单独的形式活动而有个性的实体。群体则是组织的基本组成部分，指人们彼此之间为了一定的共同目的，以一定方式结合在一起，彼此之间存在相互作用，心理上存在共同感，并具有情感联系的两个人以上的人群。

以群体的正规化程度以及成员间的互动方式来划分，群体又可以分为正式群体和非正式群体。正式群体是指按照一定法律、条例、规章制度建立起来的，执行一定社会职能的、有法定地位的、有组织的一种群体。这个群体有正式的社会结构，有明确的职责分工，并有相应的权利和规范。非正式群体是指自发形成的一种无形组织，群体成员间以情感联系为纽带，没有正式的社会结构，成员间也没有明确的分工以及相应的权利和规范。①

① 吴秋芬：《班级管理》，安徽大学出版社 2005 年版，第 107—109 页。

（二）班集体的含义

班集体是指经过以班主任为主的各种教育力量的培养和引导而形成的具有正确的奋斗方向、坚强的领导核心与骨干力量，以及良好的纪律、舆论和班风的高层次的班级群体。因此，班级不等于班集体，班级只是一个有组织的学生的正式群体，而班集体则是班级群体的高级形式。班级与班集体在社会性质上有着根本性的区别。

班集体具有以下特征。

1. 共同的奋斗目标

班集体必须具有一个明确的、共同的目标，这既是班集体形成的基础，也是班集体形成的条件和动力。班集体共同的奋斗目标要高于一般班集体的目标，它对班集体成员的行为和活动有定向作用，激励他们为实现共同目标在认识上、行为上保持一致，相互配合，为完成共同目标而努力。

2. 健全的组织机构

班集体要在各种活动中高效地运行，就必须拥有一个健全的组织机构将班级内部的每一个成员组织起来。班干部能正确扮演自己的角色，能够正确地处理与教师、同学的关系，能够带领全班同学实践共同的奋斗目标。

3. 良好的人际关系

班集体中，班级成员之间相互接受、悦纳，每一个班级成员都能感受到自己在这个集体中的价值。班集体成员间的相互作用及影响力高度深化和内化，成员间的交往比一般班级群体更为频繁，也更为深入，表现出显著的情感一致性。

4. 正确的班集体舆论

班级的组织目标和班级规范，已经渗透到班集体舆论中，形成了支持班级组织目标和规范的舆论力量。

5. 高度的凝聚力

班集体一旦形成，其成员遵循共同的价值观念及公认的行为规范，具有高度的凝聚力，其学习与活动也会产生高效率，使集体能圆满地完成学校和社会规定的学习任务。班集体的领导核心和众多的积极分子之间，以及他们与同学之间会产生极大的影响力。这种影响力不仅有利于学生的成长，而且会形成一种合力，推进全班各项工作。

由此，把班级组织建设成为班集体对学生全面发展和健康成长意义重大。"组织和培养健全的班集体是德育工作的重要内容，也是使班集体德育工作顺利进行的组织保证。"① 集体生活是儿童、青少年群体性的要求，是他们生活、学习、劳动、相互交往的需要。健全的班集体又是对学生进行集体主义教育，促进其全面发展，转化和教育学业不良、思想品德后进的个别学生的有效手段和重要条件。

二　班集体形成和发展过程

（一）从班级到组织

开学之初，来自不同地方、情况各异的几十个学生为了学习知识文化走进同一间教室，一个新的班级就应运而生了。班主任由学校指派，班干部由班主任任命，临时负责班级的有关工作，学生开始按课表上课并进行一些活动。这个时候的班级是一个松散的群体，班级成员多数互不熟识，缺乏认同，没有认同的目标和行为方式，也缺乏组织的协调，成员在组织活动中应当怎样联系，都还没有确定。班级骨干核心还没有出现，大多数活动由班主任直接参与指挥；只有外在的纪律、规范要求，基本处在"他律"阶段，班级成员各有各的心思，整个班级处于松散状态。

在这个阶段，由于班级的管理机构没有真正建立，未能发挥应有的作用，班级活动和管理时时处处依赖班主任的决策指挥，班主任的一言一行直接影响着班级的发展。此时，班主任要根据学校及有关部门的要求，结合本班实际，提出明确、具体、可行的班级管理要求和目标，指导学生交往，矫正学生的个人行为习惯，指导学生建立班级的规范，完善班集体的组织机构，并发展班级同周围环境的关系。这一时期不仅是班主任工作最细致、最繁忙的时期，也是班主任个人教育能力展现的关键时期。

当班内的各种组织机构已经建立并完善起来，班干部便在班主任引导下开始发挥组织管理作用，班级有了比较明确的奋斗目标，有了被认同的规范，成员之间相互认同、角色清晰、行动较协调，各项工作逐步能比较顺利地开展起来。这时处于松散群体状态的班级就建设成为了一个组织，班级于是就成了有组织的群体。

---

① 胡守棻：《德育原理》，北京师范大学出版社 1989 年版，第 208 页。

（二）从初建组织到稳定的组织

班级组织初步建立时，各方面还是不稳定的。班级全体成员还在熟悉自己的班主任，对班主任提出的各种要求也还处在逐渐领会的阶段，因而在执行时会有过火或不到位之处。班级组织机构建立起来了，班干部积极性调动起来了，但是班干部也处在学习所扮演的角色的阶段，有时会表现出角色扮演还不够准确的现象，进而影响其角色任务的完成。

在这一阶段，班主任的任务主要包括培养班干部的组织领导能力、增强班级成员对组织规范的认同感，使班级成员进一步明确角色地位、任务和行为方式。只要组织机构稳定了，组织规范和任务为大家所认同了，角色、任务和行为方式明确了，班级的运行机制能够顺利运转了，这就是一个完全意义上的组织了，班级就由初建的组织发展到了稳定的组织。

（三）从稳定的组织到班集体

对于班主任来说，进行班级组织建设不能止步于一个稳定组织的存在。班级组织的发展还有它的高级状态——班集体，班集体的形成能使班级组织的作用得到最大程度的发挥，班级组织目标得到最大程度的实现。为此，班级组织的内部状态需要发生质的变化。

对此，班主任的任务主要是班级领导核心的建设，把一批品学兼优、具有一定领导才能、热心班级事业的学生纳入班级的领导机构，并根据学生个人的实际和班级需要安排班务工作。指导班干部独立主持一些班级活动，通过班级活动，有目的地逐步把这些班干部变为班级的骨干力量。加强制度建设，健全集体的规范，建立班级的约束机制和压力机制。同时还要注意帮助和教育班级中的后进学生，做好后进生的工作，以不断增强班级的凝聚力并形成良好的班级氛围。

当班级领导核心已显现出来，骨干力量开始形成。有些活动即使班主任不亲临现场，也能由班干部组织起来。班级纪律稳定，没有人扰乱课堂，正确的舆论占上风，良好的班风开始形成。学生对班级感到满意，产生"我们班不错""我们班好"的心理感受，并有了希望超越别的班级的心理。

班级到了形成班集体阶段，班主任的工作任务主要是结合学校发展规划，指导班干部全面完成班级管理工作并不断调动其工作的积极性，并努力使核心、骨干力量扩大；巩固优良的班风并使之形成传统；创造性地开展各种活动，更多地在年级和学校发挥榜样作用；引导班集体锐意进取、勇于创新，创建班集体特色和品牌。

三　班集体的建设策略

良好班集体既是教育活动的对象，也是教育活动的载体和学生自我教育的力量。学校教育的实施，很大程度上依赖于一个良好的班集体。实践证明，良好的班集体对学生的身心发展能产生极大的推动作用。一个良好班集体的建设应该从以下五个方面进行。

（一）培养集体意识

集体意识主要表现为学生对班集体目标和规范的认同、对集体活动的自觉参与和对集体荣誉感的自觉维护。培养学生的集体意识要注意以下两个方面。

1. 明确奋斗目标

目标是一种黏合剂，它可以凝聚人心，指引前进的方向。明确的共同奋斗目标是班集体形成和发展的基础。马卡连柯曾说："人的生活的真正刺激是明天的快乐。在教育技术中，这种明天的快乐就是最重要的工作对象之一。"[①] 当一个班集体有了一个明确的、适当的奋斗目标，它就会对集体的行为和活动产生定向和激励作用，成为集体发展的方向和动力，能调动集体成员的积极性，使他们为实现这一共同的目标在认识上、行为上保持一致，在活动中相互配合，为完成共同的目标而努力。如班主任王老师带领全班同学制定了班级发展目标——将（2）班建设成为优秀班集体。为实现这一目标，大家一致认为必须做到"四心"，即"信心""恒心""爱心""上进心"。全班同学以"四心"为行动准绳，努力学习，积极工作，严格要求自己。班级中的各项任务从以前的"要我做"，变成了"我要做"，班级的整体风貌越来越好，就连原来最爱打架惹事的学生也变了，他们主动为班级做好事。为了帮助在学习上有困难的同学，该班开展了"四人学习小组"活动，互帮互学。结果，那些学困生慢慢地有了进步。建设优秀班集体这一目标，引导着全班同学努力奋斗，形成了团结、踏实、好学、进取的良好班风，促进了学生的素质发展。[②]

---

① ［苏联］马卡连柯：《论共产主义教育》，刘长松译，人民教育出版社1962年版，第67页。

② 班华、高谦民：《今天，我们怎样做班主任（小学卷）》，华东师范大学出版社2006年版，第23页。

2. 培养学生自主精神

学生是班级管理的重要主体，班级这个精神家园需要靠学生自己来建设。班主任要注意在班级管理过程中，充分尊重学生的主体人格，让学生参与班级管理事务，让人人都有锻炼的机会，个个都是班集体中不可缺少的主人，从而使每个人都能在班集体建设的实践中得到最好的发展。

（二）形成班集体领导核心

班干部和学生中的积极分子在建设班集体中起着重要作用，是班级的先进力量，是推动班集体发展的动力。有了团结一致的班集体核心，就可以依靠积极分子去带动中间学生，帮助后进学生共同进步。建立班集体的核心和骨干队伍，要注意以下两个方面。

1. 提高班干部队伍的素质

班主任要注意加强对班干部队伍思想意识的培养，以集体主义精神来引导班干部团队意识和团队精神的形成，重视对他们行为能力的指导，形成一个团结协作、认识一致、行动一致的高素质的班干部队伍。

2. 充分发挥班干部队伍的作用

班主任要充分发挥学生组织和这些骨干在班级教育及管理中的重要作用。学生之间的相互影响和教育作用，有时并不低于教育者的直接教育作用。[①] 马卡连柯也非常强调班主任多当"参谋"角色，少些"包办代替"。班主任虽是班级工作的主导，但班主任如果"独裁"一切班级工作，则不利于培养学生的主人翁意识，抑制学生能力的发展。同时如果班主任应付大量的日常管理工作，也难以有时间提高自己的教育教学水平和管理素质。

（三）健全规章制度

规章制度的建立可以为学生提供参与班级活动、处理班级事务的规范，也可以为学生提供基本的行为模式。一个良好的班集体应制定健全的规章制度和严格的纪律，没有制度与纪律约束的集体是松散的、涣散的。规章制度和纪律对维护和巩固班集体，教育学生个人，都有十分重要的作用。马卡连柯曾说："纪律使集体和集体的每个成员都变得美好。"[②]

---

① 胡守棻：《德育原理》，北京师范大学出版社1989年版，第211页。

② ［苏联］马卡连柯：《论共产主义教育》，刘长松译，人民教育出版社1962年版，第164页。

1. 建立和完善规章制度

班级规章制度主要包括学习制度、卫生制度、考勤制度、课堂纪律制度、奖惩制度等。通过建立和完善这些规章制度规范学生的言行，使班级学生的言行能够有章可循、有据可依，为学生提供评价自己和他人言行的标准，有利于形成学生遵章守法的良好习惯。

2. 规章制度的认知与内化

班主任要注意把班级规章制度的执行与教育引导结合起来。通过主题班会、座谈、讨论等活动，引导学生认识执行规章制度的意义和必要性，认同规章制度，并把规章制度内化为规范自己言行的标准。班集体的制度与纪律一旦被集体成员所认同并成为大家自觉遵守的准则时，这些规范将最终内化到每一个人的思想中，从而使他们的行为由外在的纪律约束变为内在的自觉行为。

3. 规章制度的落实与检查

通过对规章制度的落实和定期检查，可以强化学生对规章制度的执行，形成鼓励学生履行规范的氛围，促进学生对自我行为的监控，从而养成正确的行为习惯。"破窗理论"告诉我们，任何行为或细节对人都有暗示作用，在班级管理过程中应该对任何细节所产生的暗示作用给予充分的重视。一个最简单的例子，"学生在学校该穿着校服上课"是学校的一项规定，可是有一天，某学生没有穿校服上课，也没有得到相应的处理且从其他人那里得到一种默许的宽容，另一个学生就会想："有人没穿校服了，明天我也不穿"。渐渐就会有一小批人不穿校服上课，进而发展到一大批人不穿校服上课，最后"学生穿着校服上课"的规定也就不再成为规定了，就会出现"有制度不依，执行制度不严，违反制度无所谓"的现象，于是制度的执行力严重下降，班级管理混乱也成为必然。[①]

关于"破窗理论"及其启示[②]如下：

美国斯坦福大学心理学家菲利普·詹巴斗曾做过这样一项试验：他找来两辆一模一样的汽车，一辆停在比较杂乱的街区，一辆停在中产阶级社区。他把停在杂乱街区的那一辆车的车牌摘掉，顶棚打开，结果一天之内就被人偷走了。而摆在中产阶级社区的那一辆过了一个星期仍安然无恙。

---

① 李冰：《"破窗理论"与班级管理》，《教育与职业》2004 年第 19 期。

② 广通：《经典管理故事全集》，地震出版社 2005 年版，第 232 页。

后来，詹巴斗用锤子把这辆车的玻璃敲了个大洞。结果，仅仅过了几个小时，它就不见了。

后来，政治学家威尔逊和犯罪学家凯琳依托这项试验，提出了一个"破窗理论"。这一理论认为：如果有人打坏了一个建筑物的窗户玻璃，而这扇窗户又未得到及时维修，别人就可能受到示范性的纵容去打烂更多的窗户玻璃。久而久之，这些破窗户就给人造成一种无序的感觉。那么在这种公众麻木不仁的氛围中，犯罪就会滋生、蔓延。

"破窗理论"在社会管理和企业管理中都有着重要的借鉴意义。"破窗理论"给班级管理的启示：班主任必须及时修好"第一个被打碎的窗户玻璃"。

（四）优化班级人际关系

班级人际关系及相应的心理环境对班集体的形成和发展具有非常重要的意义，对学生个体的成长也有深刻的影响；因此，班级教育管理过程中要通过培养良好的人际关系，形成轻松、愉快、和谐的心理环境，为集体的形成和发展创造良好的环境。为此应注意以下三个方面。

1. 引导学生学会交往

班级人际关系形成和发展的方法是交往，因此，引导学生学会交往是优化班级人际关系的基础。联合国教科文组织教育丛书的《教育——财富蕴藏其中》指出"学会认知、学会共处、学会做事、学会生存"是教育的四大支柱。因此，引导学生学会交往，学会与人和谐共处是教师的重要使命。教师要引导学生掌握好处理同学间、师生间、个人与集体间的关系的基本准则，引导他们在交往过程中学会正确处理竞争与合作的关系，在班级中形成真诚待人、互相帮助、互相支持、团结协作的良好人际关系。

2. 培养学生共同的心理倾向和良好的心理素质

共同的心理倾向有助于班级学生产生相互吸引、相互欣赏的亲和性情感，有助于班级亲密的人际关系的形成，使学生之间更加容易相互信赖、相互理解、相互支持，从而形成良好的心理环境。

3. 正确对待非正式群体

班级对待非正式群体的态度如何直接影响着班级的人际关系。非正式群体对班级的影响既有积极的，也有消极的，关键是，对非正式群体首先应该深入分析，区分不同类型的非正式群体，区别对待。对于积极型的非正式群体应当给予支持和保护，创造条件让其发挥作用；对于中间型的非正式群体应该关心和引导，促进其向积极的方面发展；对于消极的非正式群体，则要加强教育，因势利导。①

（五）形成集体荣誉感

1. 培养健康的舆论和良好的班风

健康的舆论和良好的班风是形成和巩固班集体的精神力量，是教育班集体成员的重要手段。运用规章制度来管理班级固然重要，但健康的舆论和良好的班风具有强大的感召力和影响力。正确的舆论和良好的班风会使班级中该肯定的言行得到肯定和发扬，该否定的得到否定和批评，使班上学生明辨是非、善恶、美丑，从而对学生起到感染、熏陶和约束作用，有利于培养健康进取的良好班风，对集体是一种"凝聚剂"，同时也是衡量班集体形成和巩固的标准。

2. 开展丰富多彩的活动

活动可以凝聚人心，是密切师生、生生关系的桥梁，活动也可以增强学生的集体荣誉感。儿童、青少年活泼好动，单纯的课堂学习会使他们觉得单调乏味，组织好适当的班级活动，一方面能锻炼学生的活动能力，开阔眼界，增长知识，另一方面能增进学生的友谊和团结，有利于建立蓬勃向上的班集体氛围。同时，积极健康的班级活动是加强学生思想品德教育，培养学生集体主义精神的重要环节。班级活动的水平和质量，取决于并能反映班级各位同学的素质、能力和精神面貌。班级活动的形式是多种多样的，如班会、黑板报、文体活动、社会调查、知识竞赛，等等。开展班级活动，班主任要注重调动每个学生的积极性和创造性，充分发挥他们的作用，使其感受到集体荣誉与个人的努力是分不开的，从而齐心协力为班集体争光。当学生们取得了成功，尽情享受胜利带来的欢乐的时候，一种强烈的自豪感和集体荣誉感便油然而生。如果班级活动总是少数积极分子热心参与，其效果将会因为积极性不够而大打折扣。同时班级活动也不能平淡随意，应群策群力，有创新精神，在思考上下功夫，这样的班级活动才能有号召力，才能提高班集体的凝聚力，也才能真正反映出良好班集体的精神面貌。

---

① 张人杰、周燕：《中小学教育与教师》，广东人民出版社 2003 年版，第 409 页。

第四章　班级制度管理

第一节　班级制度管理概述

一　班级制度管理的含义

班级制度管理是指把党和政府的有关教育方针、政策、法规、条例、指令等和社会主义道德观念、行为规范、是非标准等运用于班级工作、学习和生活中，制定班级全体成员共同认可并自觉遵循的行为准则，以促进班集体建设和全体学生全面发展的一种管理方法。班级的教育教学活动是在师生交往中展开的，而班级群体中的人际交往和关系必然形成相应的组织、规章和制度，因此，班级中制定的各种规章制度是维护班级正常教育教学活动的保证。

二　班级制度管理的功能

概括来说，班级制度管理具有以下三大功能。

（一）引导功能

集体的规章制度可以使学生个体和群体工作有章可循，行动有条不紊，避免工作和行动的盲目性和随意性，使班级成员方向一致，步调协同，避免不必要的矛盾冲突，保持良好的学习生活秩序。因此，班级中的制度是一种引导人们行动的手段。如美国当代著名优秀教师罗恩·克拉克（Ron Clark），从1995年起开始从事教师工作，曾在美国的很多"问题学校"任教。他是一位风趣幽默的"麻辣教师"，不仅"征服"了一群又一群调皮捣蛋的"问题学生"，而且还在短时间内把他们调教成了品学兼优的好学生，他用的绝招就是55条班规。这55条班规抓住教育过程中容易被人们忽视的细节，不仅仅将注意力放在提高孩子的学习成绩上，而且更加注重引导孩子形成良好的学习和行为习惯。2001 年，年仅 28 岁的罗恩·克拉克就荣获了美国最佳教师奖，他和他的学生还曾经受到过美国前总统克林顿及其夫人的接见，美国著名主持人奥普拉称之为"创造奇迹的男人"。罗恩·克拉克的教学经验被多次录制成广播和电视节目在全美播出，受到了广大教师、家长和孩子们的热烈欢迎。

（二）警示功能

初中生和小学生是未成年人，心理和生理都处在一个不断发展的过程中，必然在学习、思想、道德等方面的认识和行为存在不足，这一方面需要学校和教师对其进行规范行为的引导，也需要在制度中对不规范行为进行防范，告诉学生哪些行为不能做，做了会对他人、集体和社会产生危害。如行为不符合社会的要求与规范，就必须对自己的行为负责。例如魏书生老师担任班主任时，他所管理的班级制定的班级规则《岗位责任制》中对支部宣传委员的具体职责规定中就有"具体负责本班团员各项活动及好人好事的宣传工作。……对团员及同学中的不良倾向，凡带有普遍性的，也有在一定范围内宣传的义务，以便引起有关单位与个人的警觉，及时加以控制"[1]。

（三）纠偏功能

这是制度中对危害他人、集体和社会行为的一种惩罚措施。他告诉学生，每个人都必须为自己的言行负责，如果自己的行为危害了他人、集体和社会，就必须接受惩罚，通过惩罚使学生加深认识，纠正自己的行为。依然以魏书生老师为例，其《岗位责任制》中对值日班长的具体职责规定中就有"负责记载当天的出缺席情况，及时在班级日报登载，对迟到同学提出批评，予以处罚。……维护自习课纪律，对自习课说话的同学予以批评、处罚"等纠偏条目。[2]

第二节　班级制度管理的类型

一　常规制度管理

制度是管理部门根据国家法规、上级办法的规定、决定、条例、指令

---

① 张人杰、周燕：《中小学教育与教师》，广东人民出版社 2003 年版，第 413 页。

② 魏书生：《班主任工作漫谈——献给青年班主任》，漓江出版社 1993 年版，第 415 页。

等制定的各种具体的规章和实施细则。通过规章制度进行管理，就是常规制度管理。常规制度管理是一种重要的管理手段，但规章制度的制定只是一个良好的开端，重要的是在管理过程中做到"执法必严""违法必究"，否则，制度的常规管理意义也将丧失。另外，在制度管理的过程中，还要把原则性、灵活性结合起来，才能处理好各种特殊情况，取得良好的管理效果。

在班级管理过程中，班级制度通常以口头或书面的形式展示，并为班级全体成员所接受，即形成班规。班规是班级制度文化的一种体现，对班规的分析有助于了解当前班级制度文化的发展与存在的不足。运用班规进行班级管理，能够提高班级工作的规范性和效率。每一个班级成员都应遵守和服从规章制度，这是衡量和评价班级工作的基本标准。每个学生在群体中生活必须有基本的规范，表现为角色意识、公众意识、责任感和义务感。

二　非常规制度管理

非常规制度是指班级的传统、舆论、风气、习惯等，即是不成文的、约定俗成的制度。对它的管理依靠的不是"我说你听、我说你做"式的说教，也不是依靠外力的强制约束，而是在制度允许的范围内采用非权力性和非强制性的方法。其目的是在学生心目中产生潜在的说服力，将他们的创造性和主动性激发出来，使全班学生认同班级的价值观念、成才理念和社会道德理念，达到学生的自我培养和自我塑造的目的，从而培养其创新、参与社会服务的意识和分析思考解决问题的能力。相比刚性的制度管理，也可称之为"柔性管理"。

《孙子兵法》云："攻城为下，攻心为上。"作为一种学生教育和管理的辅助手段，非常规制度管理即"柔性管理"，注重从内心深处去调动学生的积极性，激发他们的内在潜力和成才渴望。强调学生的自我教育和管理，通过制度和环境的相辅相成，达到育人于无形的目的。当今班级管理强调"以人为本"，其本质就是将制度化管理和非制度化管理有机结合。若缺乏这种结合，可能会给管理目标实现带来阻碍，如某学校一位年轻教师接手一个班级后，与学生见面第一天提出，要让班级成为年级最好的班级，学生也很受鼓舞，对教师提出的"改变从今天开始，遵守纪律、作业质量第一，清洁卫生第一"等要求都表示能做到。开始两周学生表现很好，让科任老师都感到诧异。然而好景不长，各种不良行为如隔年的草根，第三周时开始疯狂滋长。有的学生开始睡懒觉，有的开始拖欠作业……班主任无法原谅学生出现的错误，对任何违纪行为都"格杀勿论"，师生关系开始出现裂痕……①之后，该老师对自己的制度管理进行反思，与"柔性管理"相结合，才改变了局面。

常规问题和非常规问题是班级制度管理的两个方面。在现实中，绝大多数问题并不是简单的非此即彼，即不是常规问题或非常规问题，而有很多是介于两者之间的。有些问题，既可以看成是常规问题，用程序化的方法决策；也可以看成是非常规问题，用非程序化的方法决策。如学校一位特别优秀的教师，因中午回家给孩子喂奶后自行车坏了，回校上下午第一节课迟到了20分钟。如何处理，可以有两种办法，这既可以看成是常规问题，按规定由教务处提出处罚意见并实施处罚；也可以看成非常规问题，由校长或校务会议讨论决定或免于处罚或降低处罚。

常规管理的优点是规范严整，收效较快，可操作性强，但灵活性、创造性和学生参与自我教育的程度差些。因此在运用常规管理策略时，要注意以下问题：一是要实行动态管理，根据班级情况变化及时调整规章制度的内容和执行方式，循序渐进，逐步提高。二是使制度管理策略和其他管理策略结合起来，大胆试验，创新经验，使管理水平提高到新阶段。三是坚持以思想教育为主，培养自觉纪律，不能用规章制度代替思想教育工作。四是要提高学生参与管理的程度，培养自我教育能力。

管理工作的前提和基础是刚性的制度，而柔性管理则是刚性制度管理的"升华"。要想使班级的刚性管理更加深入地实施，一定的柔性管理是不可或缺的，将二者有机地结合才是班级管理工作的最佳形式。②

第三节　班级制度的建立过程

班级制度简称为班规。班规的建立过程应该有一些基本的环节和步骤。班规的建立需要经历一个怎样的过程呢？一般来说，包括以下几个环

---

① 张万祥：《班主任专业成长的途径：40位优秀班主任的案例》，华东师范大学出版社2008年版，第39页。

② 檀传宝：《德育与班级管理》，高等教育出版社2007年版，第366—368页。

节和步骤。

一 教师预先提出草案

教师在建立班规前，应当考虑该年龄段学生的身心发展状况、学校的阶段教育目标和时空环境的相关影响因素，如学校所在地区、班级所在楼层、当时的教育政策、年级的特殊要求等，先拟妥班规草案。

二 师生共同讨论决定

一般来说，老师拟定班规草案后，应交由学生讨论，通过后再正式实行。班级规则的建立，学生要参与到什么样的程度，并没有绝对的标准。如夏山学校（Summerhill School）校规和班规的制定是通过全校的会议，由教职员和学生一人一票、票票等值的方式产生。然而在实际的班级运作过程中，班主任并没有那么多时间让学生经过一场混乱、无序后，再让学生自己感受班规制定的重要性。让学生多参与自己的事务，才能学到民主、自治，并更愿意遵守这些规则，因此能够充分讨论什么是最好的。至于学生参与和决定的程度，需配合学生的年龄和身心发展程度而做调整。在小学，教师的决定权要大些，而初中至高中，就更应该让学生多参与。如美国教师罗恩·克拉克在他的《优秀是教出来的：创造教育奇迹的55个细节》一书中谈到他接手了一所贫民区学校的一个"最困难"班后，通过55条班规把班级管理好的故事。在这个班各方面表现都很差的情况下，这些班规就是由罗恩·克拉克制定的。

三 教师组织讲解、示范和练习

教师虽然已知班规建立的重要性，但可能会以为班规制定后，学生就已充分了解，剩下的只是学生愿不愿意遵守了，其实并不尽然。尤其是对年龄较小的学生，教师应该对班级规则有充分的说明，包括制定的理由，示范应表现出来的行为，说明不该表现出来的行为，并给予学生练习的机会；而对于年龄较大的高中生，让他们充分讨论也可达到相同的效果。所谓"不教而杀谓之虐"，有些教师常常会让学生有一次犯错的机会，然后要求学生"君子不贰过"，也是基于学生可能不熟悉或不了解规则而做的考虑。

四　重视反馈和调整修正

班规于开学初建立后，仍然要配合学习的进行、学生的状况、岁时节令的改变或其他因素的影响而做一些增加、减少、调整和修正。调整修正的过程应该依照前述三项基本步骤。

班规的调整和修改最好的时机是班会。班会是训练学生自治能力和关心公共事务的最佳时机，葛塞柯（F. Gathercoal）提出的司法慎思型纪律理论，孔恩（A. Kohn）的超越班级管理理论，尼尔森（J. Nelsen）等人提出的正向常规理论，费朗（T. W. Phelan）及史卡勒（S. J. Schonour）的神奇 1 – 2 – 3 理论都提到利用班会让学生思考和解决冲突。

第四节　班规建立应注意的问题

建立班规的目的不是束缚学生，而是使学生养成良好的行为习惯，促进学生的健康发展。为了使班规能够发挥应有的效果和作用，参照张民杰主编的《班主任工作理论与实务》，强调制定班规时应注意以下问题：[①]

一　与学校校规相配合

从某种层面上来说，班规可以说是学校的管理制度的延伸，因此，班级管理制度的制定要符合学校规章制度的整体要求，符合国家的教育法规。特别在对待违反班级纪律学生的处罚问题上，一定要以育人为本，尊重学生的人格，切不可出现体罚、变相体罚学生的现象。

二　切合学生生活经验

班规的要求应该切合学生的生活经验，这样班规执行起来才具有可行性和可操作性，最好是有学生参与制定。如魏书生管理的班级，确立班会就是班级的"立法"机构，同时也是最高决策机构。班级各项制度的订立，较大事情的决策，都要通过班会集体讨论后，大家做出决定。班会做出的决定，班主任、班委会、班干部都要贯彻执行。

---

① 张民杰：《班主任工作理论与实务》，华东师范大学出版社 2008 年版，第7—10 页。

三　符合学生身心发展特点

班规的制定与学生身心发展状况有密切关系。如青少年时期比儿童期易受同伴影响，青春期学生生殖系统快速发育，两性议题也特别受重视，因此，小学阶段和初中阶段的班规应既有联系，更应有区别。初中阶段应有更多的考虑性教育和同伴互动的内容，如尊重同学的隐私权等。另外，青少年时期强烈寻求个体的自我独立，因此户外活动的安全也应特别强调：注重户外活动地点的安全，勿飙车、抽烟、喝酒，这些都应成为特定班规的内容。学生在学校时间的长短也要考虑，如果是新生，规定要更详细和具体。师生的熟悉程度也很重要，如果是新班级，师生之间较陌生，教师相对不清楚学生的行为表现和习惯，规则可能要多一些，并需要有更多的说明、沟通、示范和练习，这样才能使学生确切地了解教师的期望，并综合同学自己的想法。如果教师是接任旧有班级，只要持续旧有规定，略加修正原有规则内容即可。

四　突出原则性和可操作性

建立班级规则，应定出大原则，并且应简单、易执行。有的教师为求公平一致，规则制定得事无巨细，并有详细的记分系统，例如讲话扣几分、打架扣几分；上课专心听讲、能回答教师问题加几分；清洁工作执行认真加几分。如此繁复的计算，反而让教师花很多时间在这上面，从而占用了准备教材、制作教学媒体、设计教学活动、关心学生表现等更重要的任务，因此切勿将规则制定得过于繁复，避免倒果为因、舍本逐末。曾经有位教师以学生可选择座位作诱因，对学生遵守或违反班规情形记分，虽然学生都很重视选择座位的特权，在意自己是否遵守规定或违规，但是繁复的行为判定和分数计算，反而使教师疲于奔命，而学生不但不觉得公平，更把心思放到记分而非课业和行为培养上，造成了舍本逐末之憾。

另外，制定规则也应该有"自然法"的概念，也就是让学生从几个自然法则中可以推演出这些班规，如由"要尊重他人和自己"的自然法则，就可以推出同学讲话不要插嘴、考试不能作弊、不能不告知而使用他人物品等规则。就像葛雷瑟（W. Classer）所说："合理的规定就是有因果关系，若无，应反过来质疑规定为何存在。"所以制定大的原则容易使学生了解班规制定的原因，而更愿意去遵守。

五　寻求家长的理解和支持

教师班规的制定，常有许多创意，也可看出教师的用心，但是如果这些新奇的做法并未征询过家长的意见，也未适度让家长了解并获取支持，容易衍生出乎意料的事端，教师应特别注意。如教师惩罚上课讲话的学生多做作业、放学留下来等就不尽合理，应以多和家长沟通说明为宜。

六　以正面措辞叙述为佳

班规应具有引导学生行为的作用，因此要以"应该做什么"作为前提，而以"不该做什么"作为提醒。然而对于紧急或危险的事件、物品，教师也不能排除用正面措辞，强烈提醒学生。

第五章　班级学习管理

第一节　学生良好学习习惯的培养

学习习惯是指学习上的惯性现象。不少外国教育学家、心理学家把它称为"人的第二天性"。但这"第二天性"的好坏是靠后天的培养而形成的，一个学生如果从小就养成了良好的学习习惯，不仅对其学生时期的学习活动会产生积极的影响，而且能为他以后的自学打下良好的基础。乌申斯基曾经说过："良好的习惯乃是人在其神经系统中存放的道德资本，这个资本不断地增值，而人在整个一生中就享受着它的利息。"① 因此，培养学生良好的学习习惯是对学生终生负责，是班级教育管理者责无旁贷的任务。那么，应该着重培养学生哪些良好的学习习惯呢？培养学生良好的学习习惯又有哪些方法？这些都是班级教育管理者应该探讨的问题。

一　培养学生哪些良好学习习惯

学生学习习惯无论是好是坏，对人的一生都会产生重要的影响。学生年龄越小可塑性越大，青少年时期的学生可塑性很大，既容易形成好习惯，也容易形成坏习惯。因此，他们入校后，班级教育管理者首先要重视对他们良好学习习惯的培养。

（一）培养学生有序地收拾学习用品的良好习惯

收拾书包，摆放学习用品，看起来是学生生活中的一件小事，一般不被人们重视。其实，如果做不好，同样会影响学生的学习情绪，浪费学习

---

① ［俄］康·德·乌申斯基：《人是教育的对象：教育人类学初探》（上），人民教育出版社 2007 年版。［俄］康·德·乌申斯基（1824—1871），19 世纪俄国教育家，被称为"俄罗斯教育心理学的奠基人"。

时间，降低学习效率。例如，要交作业了，有的学生打开书包，却发现作业本丢在家里，不得已还得往回跑；上课了，老师已经开始讲课，有的学生还需在抽屉里翻书找笔；放学了，提示回家的铃声催了好几遍，有的学生还在教室里东抓一把西抓一把地收拾书包；要复习考试了，有的学生却找不到自己用过的书和本子……像这种事情，无论在哪所学校、哪个班级都经常发生，几乎是一种普遍现象。究其原因，是大多数学生没有养成自己收拾学习用品的习惯。他们在家里做完作业后，书本、笔摊在桌上，等家长去收拾。如果哪天家长没有做到，到了上学时，他们只得胡乱抓起书本往书包里塞。这样哪有不丢三落四的呢？更有甚者，有的上了初中，还要家长背着书包接送，所有这些都滋生了学生无序的行为习惯，需要班级教育管理者对他们的行为进行有效的纠正并培养良好的习惯。如何培养学生有序地收拾学习用品呢？应该做到这样两点。

1. 坚持让学生自己收拾学习用品

无论是在学校还是在家里，都坚持让学生自己收拾学习用品。这需要家长的紧密配合，班级教育管理者要经常与家长取得联系，要求家长教育孩子在家里做完作业后，督促他立即收拾好自己的学习用品。该放书包的放书包，该放书架的放书架，该摆在桌上的就摆在桌上。这样督促一段时间，学生就会逐步形成习惯。

2. 教会学生有次序地摆放学习用品

在学校，教师要教会学生有序地摆放学习用品，学生的学习用品无论是放在书架上、书桌上，还是书包里，都要按一定的顺序摆放好，以便于随时查找。而中学生大多数是单人单桌，学生可以将书桌内或书包里的课本和学习用品分开摆放，一边放教科书，一边放作业本，还可以留下一角放其他学习用品，并按一定的顺序进行排列。如按书本大小顺序或按学科顺序都行，教科书的脊背一律朝外。这样一打开书桌或书包，就一目了然，要什么书，要什么本子，随手一抽就是。不用时，应放回原位。这样，用起来方便，又节约时间。特别是中学生，学习的科目多，教科书、参考书、复习资料、练习册、作业本加起来好几十本。如果杂乱无章地放在一起，用的时候可能会翻遍书桌的屉子或书包，这样不仅浪费时间，而且还特别影响学习情绪，降低学习效率。别小看这样的生活小事，养成习惯后，还会促使人成就一番大事业。美国著名的管理学家西蒙从小就很讲究次序，他的衣裤、鞋袜摆放都有严格的次序，从不乱放。良好的习惯为他后来成为著名的管理学家打下了坚实的基础。

（二）培养学生有计划的学习习惯

一般来说，有计划地学习，要比无计划、随意地学习效率高、效果好。因为学习计划是学生在班级教育管理者的指导下，根据自己的实际情况对未来一段时间的学习内容、进度和要达到的预期目标所做出的具体安排。学生有了学习计划，可以形成自我约束、自我追求预期目标的态势，因此会自觉地进行学习。那么如何培养学生有计划的学习习惯呢？

1. 指导学生合理地安排学习时间

班级教育管理者在指导学生制订学习计划时，应尽量体现出学生生活的规律性。学生什么时候学习，什么时候休息都要有明确的规定。该玩的时间就玩，该学的时间就学。天天如此，月月依旧。如果形成了习惯，到了学习的时间，他们就会自觉地丢下其他的事情，伏案学习功课。这样每天坚持在某一固定的时间内学习，就可以获得最佳的学习效果。

2. 指导学生合理地支配学习时间

班级教育管理者要指导每个学生将每年要完成的学习任务，落实到每个学期、每月、每周、每天，甚至某个单位的时间内该做什么，都应该有具体的计划。不要到了学习时间，一下子什么都想学，什么都想做——拿起数学，又想读英语，拿起英语，又想写作文。结果什么都学不好，什么都做不好。时间就在这犹豫之中溜掉了。只要事先订好了计划，到了学习时间，就知道先学什么，后学什么。一切按计划进行，就会大大提高学习效率。

3. 指导学生制定相应的检查制度

检查制度是督促学生按学习计划进行学习的重要方法。检查可以分多种方法进行：一是学生自查。要求学生每天对照计划内容检查自己是否完成了当天的学习任务。二是互查。每周每小组同学之间互相检查。三是抽查。班委会干部、班主任或任课老师不定期地抽查学生完成学习任务的情况。四是总结。每月全班总结一次，表扬、鼓励做得好的学生，督促、鞭策做得差的学生。这样坚持训练下去，学生就会逐步养成习惯。

（三）培养学生专心致志的学习习惯

有的学生喜欢边听广播边做作业，边唱歌边看书，边听讲边想其他的事情，等等，结果时间花了，收益却不大。这就是人们常说的注意力不集中而产生的结果。所谓注意力，就是心理活动对一定对象的指向和集中的力度。实践告诉我们：人在集中注意力于某种事物时，就会在大脑皮层中形成一个兴奋中心，所有神经细胞都要为它"服务"。学习时，如果集中注意力，就能使神经细胞全力以赴，排除其他干扰，专心致志地学习。许多实验也表明，有些学生学习成绩差，并不是因为他的智力低下，而是学习时没有集中注意力。因此，培养学生专心致志的学习习惯，要从训练学生的注意力入手。

1. 激发学生的学习兴趣

每一位教师在教学中，第一，要尽其所能引导学生对自己所教的学科产生兴趣。第二，要加深学生对所学学科的目的、意义的理解，使其产生间接的兴趣。所谓间接兴趣，就是只对活动目的、结果感兴趣的兴趣。特别是稳定的间接兴趣，是引起和保持注意力、克服困难的重要条件。例如，考试前，大多数学生学习效率高，虽然他们对考试本身没有兴趣，甚至痛恨，但是对考试的结果感兴趣。因而，为了考试结果，他们会强迫自己丢下其他事情，集中注意力投入复习迎考的紧张学习之中。这种间接兴趣越稳定，就越能促进活动的对象保持长久的注意力。像学习外语，一开始人们总觉得学它没有意义，记单词，学语法，既单调又枯燥无味，但随着改革开放的深入，大家更加认识到掌握外语的重要意义，许多人就能够战胜一切困难，专心致志地进行学习。

2. 教给学生一些排除干扰的方法

学生的学习常常是在自己不感兴趣的情况下进行的，这时候的注意力就会受到外因和内因的干扰。如人在课堂上，心还沉浸在昨晚电视的剧情里；手在做作业，眼睛却被窗外的鸟叫声吸引去了；看似在认真听课，实际上在想着游戏里的进攻方法，思考着怎样战胜对手。当老师连声点名让他回答问题的时候，他才从走神中惊醒过来，等等。在这种情况下，一是要引导学生用意志约束自己的注意力；二是要教给学生一些排除干扰的方法。如听讲时坚持做笔记，做笔记时要手脑并用。大脑不仅要将听到的信息加以储存，还要进行加工、选择，才能用手记下课堂所学到的有效益的部分。这样注意力就不容易受干扰。宋代著名学者朱熹曾说："读书有三到：谓心到、眼到、口到。"读书时做到心想、眼看、口念，既有助于发挥多种感官并用的作用，又可以保证注意力高度集中，从而提高学习的效益。自习做作业时，可以听听轻音乐。既可以阻止学生大声喧哗，又可以让学生平心静气地进入自学状态，达到专心致志学习的目的。因为从心理学角度分析，某些微弱的附加刺激对注意力不仅不会干扰，还会有加强的作用。因此，让学生自习时听听轻音乐，可以起到"此时有声胜无声"的作用。

培养学生专心致志的学习习惯，就是要求学生在学习时排除一切干扰，集中注意力，学的时候就认真地学，玩的时候就痛快地玩。如果学时又想玩，玩时又想学，其结果是学也没学好，玩也没玩好，而且白白浪费了时间。

（四）培养学生勤思善问的学习习惯

一个善于学习的人，一定勤于动脑。勤思就是要经常开动脑筋，积极思考、创造性地进行学习。一个养成了勤思习惯的学生，就会对自己、对别人多问几个"为什么"，务求彻底理解所学知识的含义。勤思与善问结合起来，是探求知识的必要条件。

1. 敢于向"权威"质疑

对于学生来说，教师就是"权威"。上课时，老师讲，学生听，老师说，学生做，老师是传授知识的工具，学生是被动接受知识的容器。但是，人的大脑不只是装知识的容器，更是创造知识的加工厂。因此，学生在听讲时，要引导他们边听边想。不光会用耳，还要会用脑，用嘴，在理解上下功夫。只有理解了，才能积极回答老师的提问，没有弄懂的或不同意别人的说法，要多提出问题，有不同的理解，要敢于向"权威"质疑，大胆说出自己的见解，决不盲目附和。但是，提问要经过深思，如果不经深思，只是随口问，即使得到正确的答复，也不会学到真正的知识。因此，有人提出"五不问"：已学过的基础知识未经复习不问；教科书没有看过的不问；老师问的问题未经过思考的不问；找不到问题的关键不问；提不出自己的思路和看法不问。这"五不问"充分说明提问要建立在深思的基础之上。

2. 学会自我设疑和解疑

从某种意义上说，学习的过程就是一个设疑解疑的过程。因为有了"疑"，才会去探究。"疑"解决了，新的"疑"又出现。学习就是在"疑"与"疑"解决后又形成新的"疑"之中前进的。所谓"疑"，是指疑惑或不确定之处，它是学与思结合的媒介，是思维的触发点，有疑才能激发学生的探索欲望。北宋哲学家张载说得好："在可疑而不疑者，不曾学；学则须疑。"意思是说，学习时，如果遇到疑问却不去质疑、解决问题，这样相当于没学，学习一定要学会质疑。所以，学习时，一定要与思结合在一起，解决疑惑问题或弄懂它的意思，才能获得真知。

因此，在学习的过程中只有不断地发现问题，提出问题，才谈得上解决问题。不断地提出问题，不断地解决问题，才能深入地理解所学的知识。所以，要引导学生学会自我设疑，在学习的过程中对某一现象或问题要多问"为什么"。一般来说，能提出正确的问题，就等于解决了问题的大半。而且善于自我设疑的人也会养成不断探究解决问题新途径的思维习惯，从而提高分析问题、解决问题的能力。这样学生在不断设疑、解疑的过程中自然会提高学习效益。

3. 要有勇气"不耻下问"

孔子说："敏而好学，不耻下问。"有的学生在学习中遇到了问题，自己解决不了，又死要面子，不肯问别人，这样问题越积越多，学习就会陷入被动局面，学习成绩下降便成了必然。"好问不须脸红，无知才应羞惭"。要鼓励学生树立"不耻下问"的学习态度，遇到自己解决不了的问题，一定要及时找人解答，哪怕是别人不如自己，但他若能帮助你解决眼前的疑难，就得虚心向别人请教。孔子说："三人行，必有我师焉，择其善者而从之，其不善者而改之。"一个人有了"不耻下问"的学习态度，才能及时解决学习中的疑难，并巩固所学的知识。

（五）培养学生查阅资料、工具书的习惯

学生的学习不限于课堂，大量的时间还是课外自学，各种工具书和资料就是他们最好的助手。然而，目前的中小学教育中普遍不重视培养学生利用各种工具书和资料的能力，使有些学生进了大学后仍习惯于依靠教师讲授一切，而不会利用图书馆的各种工具书和资料进行学习。要教会学生自学，重视培养学生查问资料、工具书的习惯。

1. 培养勤查工具书的习惯

培养学生勤查工具书的习惯，一是要求学生备有必要的工具书，如字典、词典等；二是要教学生使用工具书的方法；三是督促学生利用工具书解答学习中遇到的疑难问题。为了使学生养成习惯，要求学生将工具书摆放在自己的手边，便于看书写作业遇到生字难词时及时查找。教师还可以经常布置一些查找工具书的作业及通过查找工具书就能解决的学习问题。教师也可以不讲，留给学生自己去解决。为了提高学生使用工具书的兴趣，学校、年级、班级还可以开展一些使用工具书的竞赛活动，吸引广大学生积极参加，全面促进学生使用工具书的能力的提高。

2. 培养勤查资料的习惯

培养学生查阅资料的习惯，第一，要指导学生学会阅读教科书。有的教师喜欢"满堂灌"，站在讲台上讲得有声有色，津津有味，可学生翻开教科书，还是一脸茫然。教师教书不是讲书，而是教会学生读书，指导学生通过读书，自己去感知教材、理解教材。第二，要给学生查阅课外资料提供机会，像历史、地理等学科的作业布置或考试，不必照本宣科地搬书本，可以布置学生写一点小文章。这样就逼着学生去课外查找、翻阅资料。教师要给予一定的指导。如到什么地方去查，查什么资料，怎样查等。如学校有图书室，可以充分利用，则教师可以亲临指导。

培养学生查阅资料、工具书的习惯，让其成为学生学习时的"无言之师"，是帮助学生提高自学能力和学习效益的重要途径。

二　培养学生良好学习习惯的方法

一般来说，学生都愿意接受老师的教育，但是，教育方法不当，不仅起不到教育的作用，有时还会引起学生的反感。因此，培养学生的良好学习习惯也要讲究方法。

（一）目标激励法

培养学生的良好学习习惯，不宜孤立进行，要注意和学习目标结合起来教育。明确的学习目标是学生养成良好学习习惯的动力。班级教育管理者要通过学习目标的教育，使学生明确学习意义，激发他们的学习热情。但是，目标教育要符合实际。对中小学生来说，完成好教学大纲所规定的各项学习任务，为将来进入社会打下扎实的基础，就是每个学生的学习目标。班级教育管理者要使学生明白：不管是谁，将来从事什么样的工作，中小学阶段是打基础的阶段，这一阶段学习任务完成得不好，基础就没打牢，就有可能难以胜任以后的工作。社会在发展，时代在进步，各种工作对人的素质要求越来越高，没有扎实的基本功是难以适应将来的社会的。要有效地完成教学大纲所规定的各项学习任务，首先就要培养学生养成良好的学习习惯。只有学生认识到当前的学习与将来参加社会主义现代化建设的联系，体会到掌握科学基础知识是以后工作所不可缺少的基本功，他们才会主动地接受老师的教育，自觉地养成良好的学习习惯。

（二）兴趣吸引法

兴趣产生于学生的需要和成就感。学生喜欢玩，是因为玩满足了学生的心理需要；学生喜欢各项竞赛活动，是因为竞赛活动可以给学生提供自我表现的机会，容易满足学生的成就感。培养学生良好的学习习惯也可以从激发学生的兴趣入手。如某学生喜欢在课堂上提问，敢于向老师质疑，如果老师对此及时给予表扬，学生受到鼓励，产生兴趣，以后就会更加大胆地发表自己的意见，这样日久天长便形成勤思好问的习惯。学生的学习习惯还可以通过各种活动来培养。如经常开展查字典、词典的比赛活动就能促使学生养成勤查工具书的习惯。总之，一切能吸引学生兴趣的健康的学习活动，都有利于培养学生良好的学习习惯。

（三）典型引路法

榜样的力量是无穷的。在班级树立典型，可以使学生学有先进，做有榜样。典型越贴近学生实际，越有利于学生学习和模仿。但是树立典型，不应求全责备，不要因某个同学有缺点而抹杀其全部优点。不管是谁，只要他在某个方面做得比较突出，就可以作为班级典型，并让他在学生中交流自己养成良好学习习惯的体会。另外，教师也是学生的榜样。教师严谨的治学精神、认真负责的工作态度对学生都能产生潜移默化的影响。如教师精心备好每一堂课，认真书写每一个字，精心批改每一本作业，对培养学生良好的学习习惯都能起到积极作用。

（四）耐心巩固法

学贵有恒，培养学生良好的学习习惯也要有恒心。良好学习习惯的养成不是件容易的事情。需要经历一个相当长的时期。何况中小学生正处在思想不稳定期，他们容易受外界的影响，有时会出现反复的现象。一些初步形成的良好学习习惯，被一些坏习惯所代替。如学生刚进初中时，大多数上课能专心听讲，积极思考、回答老师的提问，可到了初二，有些学生就出现反常现象；还有不少学生有时能按计划进行学习，认真完成学习任务，可有时玩糊涂了，就把一切都丢到九霄云外了……学生出现以上这些反复现象，原因是多方面的，班级教育管理者切忌急于求成，要分析原因，根据不同情况，耐心教育、具体指导、反复训练、不断巩固。学生有了进步，及时表扬，使良好的学习习惯得到强化。在班级教育管理中，只要班级教育管理者坚持不懈，持之以恒地耐心培养，就一定能使学生养成良好的学习习惯。

（五）家庭学校互联法

培养学生良好的学习习惯还必须得到家长的配合。因为良好学习习惯的养成过程，也是一个不良习惯的克服过程，这一过程需要有一定的意志和毅力，即要有一定的自控能力。在学生自控能力不足的情况下，需要得到老师和家长的鼓励与督促，才能保证良好的学习行为方式充分贯彻学生学习活动的时间和空间，这样久而久之就形成了习惯。但是，学生在学校学习只是他们学习生活的一部分，还有一部分得在家里进行，如果失去家长的配合，学生良好的学习行为方式虽然可以较好地融入学生在学校的学习活动，却不一定能在家学习时继续保持，那么学生良好的学习习惯就不可能顺利养成。因此，班级教育管理者要经常与家长联系，互相交流看法，互相配合教育，形成家庭学校互联的教育管理结构，促使学生良好学习习惯的养成。

第二节　培养学生的自学能力

自学是中学生学习的很重要的方式。自学能力的培养绝非某一个教师所能完成，班主任在这项工作中担任着主要责任。

一　培养自学能力的必要性

（一）自学能力是学生学习成才的必要因素

人的认识过程，是主观对客观能动的反映过程，主动是主要的因素。学生是学习的主体，在教学中，越能发挥学生的主观能动性，学习的效果就越显著。如果学生具备自学能力，对学习产生乐趣，就更有利于调动学习的积极性。在学习中如果能够通过自己动手、动脑，自己思考问题，自己发现问题，自己解决问题，那么所学的知识，必然印象深刻，理解透彻，记忆牢固，既有利于掌握新知，又有利于发展智力。

学生一旦具有自学能力，掌握了开启知识宝库的钥匙，实现"无师自通"，就增强了学习的独立性，就可以不依赖教师而独立获取知识，扩大并加深知识的广度和深度，为探索新问题开辟道路。

（二）自学能力是当今时代发展的需要

今天的科学技术日新月异，知识的总量在迅速增加，在这种形势下，一个学生的成长，除了看其掌握知识的多少外，还要看他是否能够独立探求新的知识，是否善于识别和筛选信息，是否善于灵活调度知识和技能去解决实际问题。培养学生的自学能力，是时代要求的应变力、创造力、竞争力获得的先决条件。只有具备很强的自学能力，才能不断地吸取新的知识，适应时代发展的需要。

目前教育的观念也在改变，教育已不局限在学校教育的框框里，它包括家庭教育、社会教育的各个方面。过去的"学校可以给学生提供足够的知识和技能，以备终身之用"的传统认识，已不适应当下的教育现状，越来越多的知识和技能要靠学校外获得。终身教育的思想使自学能力的培养具有更为重要的意义。

二　自学能力的结构和形成

只有正确理解自学能力的结构和形成，才能有效地培养自学能力。自学能力既包括阅读、作业等掌握书本知识的能力，也包括通过观察、实验、参观、访问等活动掌握广博知识的能力。这里主要讲独立掌握书本知识的能力。

（一）自学能力的结构

自学能力是由许多因素构成的，这些因素在完成自学过程中互相联系，互相配合，互相制约。

1. 独立阅读能力

这是自学能力的核心，它也是由多种具体能力结合而成的。如理解能力，分析概括能力，阅读表达能力（复述内容、写读书笔记），欣赏、鉴别、评价能力，以及掌握读书方法、使用工具书的能力。

2. 自学的组织能力

如明确学习目的、选择学习内容、规定自学时间和期限、安排学习顺序、制订学习计划等。

3. 自我检查、自我监督能力

该能力是指在按照计划进行学习的过程中，对自己的学习效果进行定期的检查评定，对执行学习计划的情况能自我监督和控制。

4. 运用知识解决问题的能力

这是要求在自学中加深对知识的理解和运用，达到"学以致用"。在运用知识中探索新知识，有新发现、新创造。

（二）自学能力的形成

自学能力的形成是在客观环境与有目的的教育影响下取得的结果。自学能力形成的基础是掌握知识技能和发展智力。

1. 自学能力的形成需要一定的知识基础

知识既是自学的对象，又是自学的工具。在学习活动中，旧知识是理解新知识，探索新知识的前提。知识的深度、广度影响着自学能力的水平。所以在班级工作中，要特别注重教育学生牢固地掌握基础知识。并通过练习转化为读、写、算等基本技能。

2. 自学能力的形成需要熟练的学习技能

学生如果没有熟练的学习技能，自学将是不可能的。例如未能掌握朗读、默读等阅读技能，要通过自学理解文章就会感到困难。不会加、减、乘、除基本计算技能，就不可能自学数学。自学能力正是学生在运用知识，掌握和使用学习技能的训练中逐步形成的。

3. 自学能力的形成有赖于认识能力的提高

认识能力即观察力、注意力、记忆力、想象力、思维能力等。离开认识能力，掌握知识和技能将是不可能的，同样，自学能力也无法形成。

4. 自学能力的形成需要教师的指导

教师的指导是学生将知识、技能转化为自学能力的催化剂。把教师的正确指导和学生独立的自学活动结合起来将是自学能力形成的关键。教师无论在什么时候，都不能放弃指导作用。

三　自学能力的培养

中学生的自学能力是在学习各门学科知识的过程中逐渐形成的，班主任的教育和指导起着重要的作用。自学能力的培养可通过以下几个途径来进行。

（一）提高学生对自学重要性的认识

认识是行动的前提，学生是行为的主体，要培养学生的自学能力，首先要提高他们对自学的认识。如介绍当前教学的形势和知识经济的特点，从学生毕业后工作及生活的切身需要入手，进行启发引导，使形成自学能力成为学生的心理需要。

（二）激发兴趣，使学生乐于自学

爱因斯坦说："兴趣是最好的老师。"如果学生把自学当成一种兴趣，他就会带着强烈的求知欲，积极主动地学习。激发兴趣是培养自学能力的起点。例如，利用学生好奇、好胜这一心理特征，将学生的好奇心引导到自学的轨道上来，可组织各种类型的兴趣小组，以激发其自学的兴趣，培养自学能力。可以引导学生尝试通过自学取得好成绩，经常让学生不同程度地体验自学成功的乐趣。心理学家盖滋说："没有什么东西比成功更能增加满足的感觉，也没有什么东西比成功更能鼓起进一步求成功的努力。"要培养学生的自学能力，就要设法使学生的自学一次又一次地取得成功。只有使学生乐于自学，才有可能养成其自学习惯，提高自学能力。

（三）教给方法，使学生乐于自学

班主任帮助学生运用多种工具书、学科参考书来培养独立获取知识的技能。由于各学科的性质、特点不同，自学的方法也会有差异。

（四）培养自学习惯，使学生坚持自学

要想使学生能够坚持自学，就要培养其良好的自学习惯。良好的自学习惯包括预习习惯、阅读习惯、勤于思考习惯、求学好问习惯、集中精神听讲习惯、大胆发言习惯、记课堂笔记习惯、先复习后写作业习惯、边读边写手脑并用习惯、严肃认真一丝不苟习惯，等等。这些自学习惯的培养，需要长期的细致的工作，班主任要把它作为主要的工作任务。

（五）创设良好的自学环境，提高学生自学能力

如学科讲授不"包办代替""满堂灌""一言堂"，给学生独立获取知识的机会；也可设无讲授篇章，大力推广自学经验等。

第三节　学生学习方法的指导

学习方法是人们获取知识和技能的重要手段和途径。当代科学技术迅速发展，知识更新速度急剧加快，谁掌握了科学的学习方法，谁就能在知识的海洋里自由遨游；谁掌握了新知识，谁就能适应社会的发展。因此，班级教育管理者要重视学生学习方法的指导。学生在学校学习的时间有限，学校教育不可能为他们提供足够使用一辈子的知识和本领，实际工作需要更多的知识和本领，还有待于他们离校后继续学习。指导学生掌握一定的学习方法，就等于把打开知识宝库大门的钥匙交给了他们，不仅使他们在校学习期间结合勤奋就能取得优异成绩，即使走向社会后，也会受益无穷。对学生进行学习方法的指导，一是要引导学生根

据自己的情况选择科学的学习方法，二是要通过多种途径向学生传授学习方法。

一　引导学生选择科学的学习方法

什么是科学的学习方法？对每一个人来说，最适合自己学习的方法就是科学的、最好的学习方法。在学习过程中，同学们都使用了一定的方法，但方法是否适合自己，又是一回事了。因而，有些同学虽然每天起早贪黑，勤勤恳恳地埋头苦学，学习效果却不好；也有同学学得专心，玩得痛快，生活有张有弛，学习效果却颇佳。可见，要提高学习效益，勤奋只是一个方面，重要的是如何更有效地利用从勤奋中得来的时间，这就需要讲究学习方法的选择。怎样引导学生选择科学的学习方法呢？应从以下三个方面入手。

（一）引导学生根据自己的个性特点来选择

心理学研究告诉我们：学习是一项受多种因素影响的十分复杂的心理活动。由于每个人都有着各不相同的心理特点，没有哪一种学习方法，对每个人来说都是最好的方法。因此，班级教育管理者不仅自己要了解班级每一个学生的个性特点，还要引导学生认识他们自身的个性特点，才能有效地指导他们选择适合自己的学习方法。例如，外向型性格的学生活泼好动，注意力转移快，思路敏捷，反应迅速，但坚持力差。班级教育管理者可以引导这类学生掌握"交替学习法"。一是交替安排娱乐和学习的时间，不必强迫自己整天埋头学习，该玩时痛痛快快地玩，该学时专心致志地学。二是交替安排不同学科、不同形式的学习，让他们始终处在兴奋的状态中进行学习，一定会收到意想不到的效果。内向型的学生沉着稳重，感情细腻，思考问题有深度，学习能持久，但思路不宽阔，理解问题速度较慢。教师应注意引导这类学生多参加活动，多与同学讨论，遇到问题多请教别人，这样才会开阔眼界，拓宽思路，在学习中也会收到比他们自己冥思苦想更好的效果。因此，根据学生的不同个性特点指导学生进行学习，是提高学生学习效益的重要途径。

（二）引导学生根据自己的认知特点来选择

学生的认知特点主要表现在记忆和思维两个方面。教师要引导学生根据自己这两个方面的特点来选择学习方法。例如，在记忆上，由于每个人的先天条件和后天的教育不同，练习记忆的方法就会因人而异。有的人长于形象记忆，有的人长于数字记忆，有的人长于逻辑记忆，有的人爱边读边记，有人爱默默无声地记……不管什么形式，只要经过尝试，效果不错，就可以采用。在思维上，有人善于形象思维，有人善于逻辑思维；有人早晨思维敏捷，有人晚上思维活跃……教师应引导学生根据自己的思维状态和感受，把重点或难点问题放在思维状态最佳的时间里去解决。当思维处于低潮时，就安排一些轻松的学习任务或娱乐活动。教师要善于指导学生扬长避短，选择合适的学习方法，充分发挥自己认知的长处，以提高学习效益。

（三）引导学生按照不同学科的特点来选择

各门学科都有其独特的知识结构和规律，教师要引导学生根据不同学科的特点选择学习方法。如学习语文、外语应重在多读、多听、多看、多写，加强语感训练；学习数理化应重在理解，要多思多练；学习历史，应采取纵横记忆法。纵是指历史朝代顺序，横是指各个朝代的主要事件。运用这种方法学习历史，主干枝叶分明，便于记忆；学习地理，应采取方位或经纬理解法，可以收到好的效果。因此，各科任老师应根据所教学科的特点向学生传授学习方法，并引导学生通过实践不断总结、掌握自己行之有效的学习方法。

总之，学习的方法是多种多样的。每个人都有自己的学习特点，没有哪一种学习方法适用于所有人。但是，人们总结出的学习方法都具有一般的指导性。因此，只要教师注意引导学生不断探索、总结，并虚心向他人学习，相信每个学生在此基础上都会找到适合自己的学习方法。

二　多种途径向学生传授学习方法

学生的学习方法与教师的教学方法是密切联系的。科学的教法能启发学生的求知欲望，调动学生学习的积极性，并能传授科学的学习方法。教师在教学中一般可以通过以下几个途径使学生掌握学习方法。

（一）在传授知识技能的同时传授学习方法

教师在传授知识技能的同时传授学习方法，不仅是根据各门学科的特点和具体内容，教给学生学习各科知识的不同方法，而且更重要的是教师要在教学中以自己精心组织的教学，向学生做出科学学习方法的示范。如在数学教学中，教师对例题的讲解和演算，就是教学生掌握审题、解题方法的示范；语文教学中的阅读指导，就是为学生自学提供范例等。还可以通过检查学生的学习过程予以指导，教师对自己的教学结果的反馈不能仅仅局限于来自学生的考试结果，应对学生的预习、听课、笔记、复习等全部的学习过程进行检查，发现问题才能在学习的各个环节上给予有效的指导。

（二）通过讲座和经验交流传授学习方法

目前，许多学校都是通过讲座向学生系统地传授学习方法的，还有的学校开设了"学法"指导课，这有利于学生集中时间系统地掌握学习方法，以便在学习过程中有目的地选择和运用。这种教法，一般是教者站在学生的角度，或者揣摩学生的心理，结合自己的学习方法对学生进行指导，虽然也有一定的作用，但还不能充分发挥学生的主观能动性。真正意义上的"学法"指导应从学生中来，即放手让学生学习，并在学习中总结、领悟出好的学习方法，教师只是从中起到引导作用。体现这种"学法"的指导模式是：第一，在教师的启发下，学生自学并做好自学笔记。第二，学生交流自学方法和自学收获。在这一过程中，教师应充分发挥主导作用，对学生理解正确的学习收获和好的学习方法予以肯定；对学生理解虽正确，但不够深刻的情况，从内容和方法上加以引导；对学生尚未发现、理解的地方，点拨、启发学生进一步探讨；对学生理解有偏差的地方，引导学生讨论纠正。在这一过程中，教师要善于激发学生的求知欲望，同时注意把学生的讨论引入正确方向。第三，学生自我总结，并从同学讨论中、教师引导中受到启发，悟出应该怎样学习。班级教育管理者还可以定期召开学习经验交流会、学习方法研讨会、学习成果展览会等，让学生在互相学习中，在不断自我总结中学到更有效、更科学的学习方法。

第四节　学习秩序管理

一　学习过程的秩序管理

学生的学习过程大体上可分为六个环节，即学习计划、预习、上课、复习、作业、学习总结。这六个学习环节，各有其独特作用，又相互衔接，依次进行，相互制约。每个学生对任何课程的学习，都应该遵循这一秩序和普遍规律，认真学习，这样才能获得好的效果。为此，班级的学习秩序管理主要围绕学习过程的这六个环节来进行。①

（一）学习计划

学习计划是指为实现一定的学习目标而制订的学习行动方案。学校教育是一种有目的、有计划、有组织的活动，因此，学生的学习活动也应该有一定的计划性。明确而有针对性的学习计划能使学生学习目的明确、态度端正，并合理地安排学习，充分地利用时间，减少学习上的盲目性，提高自觉性、主动性和积极性，提高学习的效率。学生学习有计划，还有利于养成良好的学习习惯。

对学生进行学习计划管理，是指对学生制订和执行学习计划所给予的促进、指导、协调、帮助，目的在于帮助学生对自己的学习过程有一个很好的设计，减少学习的盲目性和少走弯路。班主任指导学生进行计划管理可从以下几个方面着手。

1. 提高计划意识

许多学生常常是按教师的要求进行学习的，布置的任务多，学习就紧张；安排的任务少，学习就松弛，学习不仅被动，而且浪费时间和精力。为此，班主任要对学生进行制订学习计划的教育，使学生在学习上逐渐养成良好的计划意识。

2. 指导计划决策

制订学习计划实质上是意志行动的决策过程，计划要求过高，实行不了，会丧失学习的自信心和学习的积极性；计划要求过低，学生的积极性和潜力就得不到充分的发挥，不利于学习和成长。切合实际的计划的实现既可强化学生的计划意识，又有利于增强学生学习的积极性。

3. 督促检查总结

班主任要针对学生学习计划的执行情况进行了解，帮助其分析和总结，并督促他们认真地执行，这对学习计划的实施起着重要作用。②

（二）预习

预习是学生对将要学习的内容在课前进行的自学活动，目的在于了解学习内容的重点、难点和疑点，增强课堂学习的目的性和针对性。预习是学生自学的形式之一，是课堂教学的前导，已被实践证明是一种良好、有

---

① 吴秋芬：《班级管理》，安徽大学出版社 2005 年版，第 40—49 页。
② 刘志选：《班级管理》，陕西人民出版社 2006 年版，第 195 页。

效的学习习惯。它可以帮助学生发现问题、分析问题和解决问题，既培养了学生的自学良性行为，又有助于发展学生的自学能力，还能有效地提高学生独立思考问题的能力。

在学生预习前，教师要对学生预习目标、要求以及方法进行具体指导。如教师要指导学生掌握预习的步骤，如何处理重点、难点和疑点，学会把握新旧知识之间的联系，学会依据前言、导语、课后的习题等信息厘清线索；逐步养成预习的习惯；学会做好预习笔记等。有的教师则在布置自学预习时，要求学生预习方式多样化，指导学生把预习的步骤分为以下几步：读，读教材；收，收集整理有关信息，可通过社会实践、调查访问、查找资料、上网查询等途径进行；制，制作学具并尝试运用知识解决简单的实际问题；记，记录下疑难问题，以供课上质疑。通过对预习过程这些环节的指导和控制，使各个环节达到规定的质量标准。

（三）上课

上课过程是学生学习活动的中心环节，学生大部分时间都在上课，大部分精力都用在课堂上，课堂是学生提高学习效率和学习质量的重要渠道，所以，对上课过程进行管理是学习管理的一项重要内容。对上课过程的管理主要包括班主任和科任教师两个方面。

1. 班主任方面的上课管理

一般来说，上课是科任教师的主要工作，学生上课过程的管理应由科任教师做主导，科任教师负有该课的学习管理责任，但我们更应认识到，上课过程并不是"孤立"的活动，学生在课堂表现是他们"整体"表现的一部分，课堂秩序、学习态度、与科任教师的关系、班级的环境气氛等都与班级整体状态有密切关系。因此，班级学习管理的内容也必然包含着对上课过程的管理。这种管理除了要抓好班级建设外，也应包括对学生学好某门功课的目的教育、课堂秩序要求、处理与科任教师关系的要求以及课堂学习方法的教育等。班主任应把握和了解学生各科学习的状况，并帮助学生学好各门功课。上课过程因为是其他老师主导的，班主任很难直接进行管理。对此，班主任除了对学生进行各方面的学习要求和教育外，还要多方了解学生在课堂上的情况并协调科任教师共同进行上课过程的管理。

2. 科任教师方面的上课管理

建构主义学习理论认为，学生不是被动的信息接收者，而是一个主动建构、发现知识的研究者。学生的听课也并不是被动地接收信息，而是结合自己的知识经验、体验和感悟，把知识内化的过程。这个过程离不开学生的经验、情感与态度。因此，教师对学生的课堂学习管理要从以下几个方面着手：

（1）教师要善于用积极的情感调整学生的学习情绪，调动学生的内在因素，使学生不断地产生强烈的求知欲望和高涨的情绪，把"要我学"变成"我要学"。例如，教师可不时地用激励性的语言提问、评价学生，鼓励学生大胆讲出新的设想与构思，允许学生提出与教师不同的看法，这样学生就会在一种受教师尊重、积极愉快的情绪体验下学习。

（2）教师要贯彻启发性教学原则。教会学生在听课的过程中进行分析、综合、比较、抽象和概括等思维过程和方法，并在听的过程中学会知识的迁移和运用，尽量使学生做到触类旁通、举一反三。教师还要善于鼓励学生质疑，鼓励和引导学生对没有听明白的或产生不同看法的地方提出疑问，或者提出与教师不同的见解、观点和看法。学生产生疑问的过程本身就是一个积极思维的过程，一个促进对书本知识理解的过程。

（3）教师在教学方法上，要灵活多变。教师尽量选择一些符合学生心理特点的方法，如讲授、练习、操作等相互转换，吸引学生的注意力，缓解学生的疲劳。在教学方法上，要合理利用实物、标本及图表等直观材料，条件允许的话还可以利用多媒体辅助教学。

（4）教师要指导学生学会做笔记。"好记性不如烂笔头"，记笔记可以手脑并用，提高记忆效果，并可以为日后复习打下良好基础。记笔记不仅要求学生具有一定的书写、语言表达以及提炼能力，同时也要求有一定技巧和方法。因此要在训练学生有一定的书写速度的基础上，使学生做到"三记三不记"，即重点问题、疑难之处、书上没有的记；次要问题、易懂之点、书上有的不记。教师若能在上述几个方面对学生的听课进行指导和管理，就能提高学生的听课能力和水平。

（四）复习

学过的知识会被遗忘，这是记忆的共同规律。因此学习新的内容之后必须要重视复习。复习时教师要根据学生的学习情况及学科特点做到调整好学生的心理状态，对学生课后复习的内容、过程、方法和效果进行指导

和控制，指导学生掌握科学复习的方法。这主要可以从以下几个方面进行：[1]

1. 要及时复习

艾宾浩斯遗忘曲线表明，遗忘的进程先快后慢，因此，防止遗忘的最好办法就是及时复习。乌申斯基说过，"应当用不断的复习来防止遗忘，而不要等到忘记以后再重新去记。"及时复习既包括课内及时复习，也包括学生课后及时复习。课内及时复习是指教师在教学时要注意在每一节课内既让学生学习新知识，也应当通过安排适当的练习和讨论等方式进行复习。课内的复习不应只是简单地重复，而应从不同角度、不同层次，用不同的方法，使学生充分应用刚学过的知识，或者补充一些生产、生活实际的材料，通过具体的形象引发新的思考，通过联系将新知识与原有认知结构同化。在反复循环的学习中就强化了对新知识的记忆。在这之后才是学生的课后的及时复习。

2. 把握好复习的量和度

识记过程是建立暂时神经联系的过程，复习正是强化这种联系，使之达到牢固记忆的目的。为此，复习应依据不同学科、不同年龄特点科学地进行。心理学家克鲁格的实验表明超额学习的次数与保持的成绩虽然成正比，但是超额的次数增加到一定程度后，其保持的增加会随着超额次数的增加而成比例地递减。

3. 复习与思考结合

复习不是简单的重复，要引导学生在复习中积极思考。古人读书经验中有所谓的"俯而读，仰而思"的说法，也是我们通常所说的"看一看，想一想"，这是一种良好的阅读、复习方法。只有这样，才能做到孔子说的"温故而知新"。

4. 正确分配复习时间

它主要包括复习时间的长短和时间间隔。对于复习时间的长短，一般来说，分散复习优于集中复习。心理学研究认为，在复习时间较长的同一性质的知识时，前摄抑制（前摄干扰）和后摄抑制（后摄干扰）都同时容易产生，使复习效果受到影响。但是过于分散，对于巩固知识、理解知

---

[1]　宋书文、宋凤宁：《心理学原理与应用》，广西人民出版社1997年版，第162—164页。

识的练习也是不利的。对于复习的时间间隔应根据年龄特点、知识水平、知识的难度性及数量等因素灵活掌握。对于无意义联系的知识，分量多而又抽象的知识，技能操作的练习等，一般是分散复习比集中复习效果要好；对于难度小，具体形象、数量又不多的知识，一般是集中复习比分散复习效果要好。

（五）作业

作业是灵活运用知识的主要环节，教师必须对学生作业的数量和质量进行设计和管理（检查和批改）。在作业管理方面有以下两个方面的要求。

1. 对学生的要求

要求学生做到以下几条：

（1）养成良好的作业习惯。培养学生良好的作业习惯，对学生各方面的发展也会起到重要作用，因此，教师要引导学生养成先仔细审题、后解答；先认真思考、后操作；不抄袭、不拖拉，及时检查，经常反思；格式规范，书写工整等一些良好的作业习惯。

（2）严格要求，不能放过作业中的任何一个问题，要仔细分析错误产生的原因，及时纠正错误。对马虎潦草、应付过关的作业，不能放任自由。如教师要及时用恰当的评语指出作业中的不足之处，能使学生很快地加以改正。例如："你很聪明，如果字再写得好一点，那就更好了""结果正确，但格式正确吗""聪明的你，一定能发现简便方法"等，再次提出殷切希望。

（3）鼓励学生的创造性。对回答问题或解题最有创意的学生，要打上"你真棒""太妙了"等评价语鼓励学生。

2. 对教师的要求

（1）作业量要适度。不能搞题海战术，题海战术人为地增加学生的负担，影响学生身心的健康发展，并容易使学生产生厌学心理。

（2）改进作业的评价方式。一是评价主体多元化，除老师外，鼓励学生、家长参与评价。如请学生做小老师。在明确要求、加强监督的前提下，教师可以采用学生互评互改的方式，并要求学生批改时做到公正、正确。通过生生互改互评，组组互改互评，提高学生自评、互评的意识和能力。二是评价方式多元化。如学生作业的评价可采用作业质量和作业态度综合量化。作业质量主要由教师评，作业态度则是让学生自己或家长来评

（采用星级制），表示学生作业完成态度（主要反映其是否认真做，并及时检查情况）等。

（六）学习总结

学习总结是指学生在学完某个阶段或某个单元的知识后对所学内容进行整理，它有利于学生对所学知识进行理解、消化、巩固和反思，教师要引导学生学会如何进行学习总结。在分析学习活动的成败得失，回顾和反思的过程中，会发现一些不足或者说可以做得更好的地方，这时就会产生新的学习心向，这就是我们说的内动力的激发。这种总结的习惯和意识养成后，不仅可以帮助我们巩固旧知识，还可以形成一种迁移能力，渗透到平时的学习和生活中。因此，教师引导学生养成一日总结、一周总结、一月总结、一年总结，短期总结、长期总结的好习惯，从而影响一生。

二　课堂纪律管理

（一）课堂纪律的含义

课堂教学是师生之间、生生之间的多边性、集体性活动。在课堂教学中，教师既要把知识、情感、思想准确而清晰地传递给学生，又要根据学生的反应、思维、疑问及时做出应对，还要组织学生开展适当的活动。要保证这一复杂的集体活动严密、有序地进行，必须制定并落实相应的课堂纪律。课堂纪律是指为了维持正常的教学秩序，协调学生行为，保证课堂教学目标的实现而制定的、要求学生共同遵守的课堂行为规范。课堂纪律管理是班级管理中一项重要的内容。

（二）课堂纪律的意义

1. 保证课堂教学正常进行

课堂纪律的意义在于规范每一个课堂成员的言行，使其不破坏课堂应有的秩序，不干扰他人的活动，并使自己把思维集中到课堂活动中来，以保证如期高效地完成课堂教学任务。在课堂教学过程中，如果有学生打瞌睡、吃零食、喝水、玩弄东西，必然影响教师和其他学生的情绪；如果有学生说闲话、大声喧哗、嬉戏打闹或离开座位走动，必然影响其他学生认真听讲和潜心思维；如果有学生故意不恰当地使用或损坏设施、设备，搞小动作、恶作剧，侮辱老师或同学，必然使课堂教学难以正常进行。上述学生的行为，不仅影响教师的教学和学生的学习，更会使学生失去极其可贵的课堂学习状态。

2. 培养学生良好的个性品质

遵守课堂纪律的过程，是学生自我约束的过程。这一过程，培养着学生诸多的个性品质。比如，集中注意力、自我控制力、持久性、耐受力、不妨碍他人，等等。根据课堂纪律要求，学生有意把自己的注意力集中在学习上，强制自己和来自内部、外部的各种分心现象做斗争，逐渐形成集中注意力、专心致志做事情的品质，逐渐培养着自己的耐受力、持久性，逐渐培养着自己的学习能力和自信心、独立性。事实上，许多良好的个性品质都是从纪律的养成中培养起来的。如果课堂上没有纪律要求，对学生撒手不管，任其自然，不仅无法有效实施教学，学生的诸多优良品质也无从培养，有关道德准则也难以在思想上扎根。

3. 促进学生的社会化

学生时期是人的社会化即人由自然人发展为社会人的重要时期。人的社会性要求人必须学习、遵守社会规则，适应社会规则。课堂纪律是人类最早接触的社会规则之一。在遵守课堂纪律的过程中，学生的"规则"意识逐渐得到强化，遵守准则的习惯逐渐得到培养，逐渐懂得如何约束自己，和别人相处，适应集体生活，适应社会，逐步实现人的社会化。

正因为如此，"有纪律"被作为学校教育的培养目标之一。可以断言，纪律松弛、一盘散沙的课堂，是难以培养出奉公守法的公民的。

（三）课堂纪律的类型

人们根据课堂纪律形成的原因，将课堂纪律分成以下四种类型。

1. 教师促成的纪律

这种类型也被称为"教师导向的纪律约束模式"。这是一种比较传统的模式，曾在相当长的时间里被许多学校采用，它是由教师通过惩罚、奖励等方式控制和维持纪律。

2. 集体促成的纪律

儿童进入学校后，为了得到群体的认同，便开始参照群体准则、行为规范来规定自己的言行。随着年龄的增长，儿童越来越多地把同学的行为标准作为自己行动的参照点，常常以"别人也这么干"为理由来从事某件事。

3. 任务促成的纪律

某些学习任务吸引了学生高度的注意力，因而对别的事情置之不理。任务促成的纪律是以每个人对学习目的、任务的充分理解为前提的，学生对任务的理解越深刻，越能把眼前的活动与任务联系起来，使自己的行为服从于任务的需要。

4. 自我促成的纪律

自我促成的纪律也称为"自觉纪律"或"学生导向的纪律约束模式"。其特征是尊重个人的人格，强调自我控制。它提供解释，允许讨论；反对使用苛刻的、侮辱性的和恶意的惩罚方式，也反对使用讽刺、挖苦、嘲笑和恐吓等手段对付学生。

既然纪律形成的原因是多方面的，那么我们就不应该只关注教师的管理、督促，而应该从多方面促成纪律的形成。第一种"教师导向的纪律约束模式"由于没有教会学生如何约束自己的行为，也不能使学生真正改正错误，所以，这些年正受到越来越多的批评。而第四种"学生导向的纪律约束模式"正越来越受到青睐。

（四）课堂纪律管理的策略

一般来说，课堂纪律管理需关注以下策略。

1. 使班级纪律有一个好的开端

研究表明，在小学，有成效的教师与成效较差的教师在学期开头的管理是有差别的。有成效的教师在开学第一天就使活动井井有条，忙而不乱。在开学头几周内，他很少离开班级，坚持课堂教学常规，不仅注意排队、坐姿、削铅笔、做好上课准备之类的常规训练，而且还讲清这样做的道理。一旦发现违纪行为，便立即制止并提醒违反者注意有关规定。成效较差的教师在第一天就乱了套，如果领导或家长叫他，便会随便离开教室。他们或者不向学生讲解有关细则，一旦发现违纪行为，只是笼统地提醒他们举止要守规矩，至于规矩是什么，学生不得而知；或者有布置，没有检查，对违纪行为不予理睬。美国教育心理学家加涅研究发现，在相当的程度上，头几周的课堂行为对整个学年的纪律和成效具有决定性的影响。[①] 所以，他建议，在教学活动开始的时候就为班级确立明确的纪律是十分重要的。

2. 区别对待学生在课堂上的几种不同行为

加拿大教育心理学家江绍伦教授将学生在课堂内的行为划分为积极

---

① ［美］加涅：《教学与学习的有效策略》（上），博森译，邵瑞珍校，《外国教育资料》1991 年第 5 期。

的、中性的与消极的三种。积极行为是指那些可以促进教学目标实现的行为；中性行为是指那些既不增进又不干扰课堂教学的行为，如显然不在听课，但静坐在座位上、睁大双眼出神地望着窗外，在纸上乱写乱画，看连环画或者看与课堂学习无关的其他课外书籍，等等；消极行为是指那些明显干扰课堂教学秩序的行为。在处理这三类行为的问题上，教师不能操之过急，期望很快就把学生的消极行为改变为积极的行为。中性状态是积极与消极这两个极端之间不可缺少的过渡环节。有技巧的教师总是强化学生的积极行为，抑制消极行为，使其渐渐转化为中性的力量。对极少数学生的中性行为不要过于关注，更不宜在课堂上公开地指责他们，以免分散其他同学的注意力。

3. 控制违纪行为

当课堂出现违纪行为时，教师应该及时予以制止。制止违纪行为时，教师向学生传递信息的方式是多种多样的，按其强制性水平，可分为低、中、高三个不同的强度。

在低强度上，教师采取非言语的信号做出暗示，如某一儿童正在做小动作，教师用眼神暗示，或者摇一下头，或者以不引人注意的方式走近该生，使其领会教师的意图。中等强度的制止指令是以言语、谈话式的非强迫方式向学生发出"停止"的信号，例如言语指示学生拿走干扰物，停止不良行为。高强度的停止指令是指教师以改变音调的言语行动或强制性的非言语方式，改变学生的不良行为，如大声命令某个学生停止讲话，要求学生站起来。很明显，最佳的控制学生违纪行为的策略应该是低强度的、私下的，这样可以不影响课堂教学的进程，也不分散学生的注意力。动辄大声训斥、威胁、打骂或者讽刺挖苦的做法，效果最差。体罚或变相体罚的做法，则更是必须制止的。

4. 注意调整座位

座位对学生在课堂上的行为有一定的影响。学生的课堂行为，受到他们课堂座位的影响，如坐在前排的学生往往听得最专心。座位通常是班主任在开学初期就安排好了的，但是，在教学过程中，班主任还可以根据需要对学生的座位进行调整。班主任调整座位的一个原则是：座位要有利于班级教育、教学活动的开展。如让爱说话的学生坐到靠近讲台的地方，以便于教师对其进行调控。使每一个学习小组好、中、差搭配，不同小组内大致平衡，即组内异质，组间同质。这既利于小组内、学生间的互相帮助，又有利于开展合作学习，以及小组间开展公平合理的竞赛，还可以让文静的、内向的学生与活跃、外向的学生坐在一起，使之起到互补作用。学生的座位不应是固定不变的，少数班主任会在教室最后一排或者角落设有调皮学生的"专座"，这种做法很不妥，不但起不到控制作用，反而容易使学生产生逆反心理，造成师生间的对立。

5. 注意相关因素的改善

课堂纪律与学生自身之外的诸多因素有关，改善这些因素对优化课堂纪律有着显著的作用，教师在实施课堂纪律中应给予充分注意。如教师的仪表形象、人格魅力、教学水平以及语言表达、板书板画、实验演示等能力，对学生都会产生或喜欢或厌烦的作用。教师应不断加强自身修养，努力提高人格魅力和教学水平，激发学生的学习兴趣，吸引学生把注意力集中在学习上，课堂纪律自然会得到优化。又如，温度、湿度、噪声等外部环境对课堂纪律也有一定的影响，且学生年龄越小，影响越大。学校应从实际出发，努力改善外界相关条件，保证课堂纪律的优化。

第六章　班级活动管理

班级活动是班级建设的必要条件，是发展学生能力和促进学生个体全面发展的重要途径，是展现班级活力、风貌的窗口，是班级管理的重要内容。班级活动是否卓有成效，直接影响班级工作的质量，因而历来受到学校的广泛重视。

第一节　班级活动概述

一　班级活动的含义

班级活动，是指由班级全体成员参加的有计划、有目的、有组织地教育活动。对它的理解有狭义与广义之分。狭义的班级活动，指在班主任的组织和领导下，或在班主任指导下，由学生自己参与组织的、为实现班级教育目标而开展的各种教育活动。这种班级活动的领导者往往只有班主任。而广义的班级活动，指在教育者的组织、领导下，为实现一定的教育目的，组织班级全体成员参加的一切教育活动。班级的课堂教学活动、思想品德教育活动、课外的劳动活动、各种兴趣活动等，都可统括其中。这里的"教育者"，显然不仅指班主任也指各科任教师或各级领导、团队负责人乃至后勤工作人员。

从系统论角度看，在一所学校里，班级活动是一个开放的活动系统，它与学校的少先队活动、共青团活动、一些社团兴趣活动共同组成了学校课外活动的整个体系。各个子系统间有分有合、相辅相成，成为学校工作不可缺少的重要组成部分。

通过班级活动来教育学生，形成良好的、坚强的班集体，是学生思想品德形成发展规律的要求，也是由学生的年龄特点所决定的。义务教育阶段的少年儿童正处于发展时期，他们精力充沛、兴趣广泛、活泼好动，但由于知识经验的欠缺，他们对生动形象的东西更易接受。所以，组织开展班集体活动，是班主任的一项基本功，也是班主任班级管理工作的实践性内容。

二　班级活动的特点

班级活动是在班主任指导下，有目的、有计划地，为实现班级教育目标而开展的各种教育、教学实践活动。与课堂教学相比，班级活动内容更多样，涉及学生学习和生活的各个方面，形式更加灵活，为学生成长提供了广阔的天地，同时也给班级带来了勃勃生机，是良好的班集体形成的重要途径。班级活动具有以下特点。

（一）学生参与的全体性

班级活动是对学生实施全面教育、提高学生综合素质的有效途径，也是对学生进行团队精神、集体荣誉感教育及增加班级凝聚力的大好契机。班级活动只有面向全体学生，重视全体学生参与其中，才能真正发挥其应有的作用。

（二）活动内容的丰富性

班级活动的内容是丰富多彩的，它不受教学大纲及教材的限制，也不受学科的局限。它比课堂教育的内容更广泛、更丰富，既有综合性活动，又有单项活动，内容涉及德、智、体、美、劳全面发展教育的各个方面。

（三）活动形式的多样性

班级活动的形式是多种多样的，有全班、全年级乃至全校性的活动，也有各种小组的、个人的活动，人数也可多可少；活动地点常有变换，活动方式不拘一格。

（四）活动时间的伸缩性

班级活动的时间和规模是根据活动的具体内容和学生年龄特点来确定的。时间可长可短，一般日常活动时间不宜太长，节假日、寒暑假活动时间可以长些；规模可大可小，一般以小型多样为主。

（五）辅导力量的多方面性

班级活动是一种多学科领域的活动，由于活动内容的广泛性，形式的多样性和时间规模的伸缩性，它的辅导力量涉及学校内外的各个方面，既有教师，也有家长和社会各界人士。因此，必须充分调动学校、家庭、社会各方面的积极性，聘请学校教师、学生家长，校外各行各业人士参与相关活动的指导，加强对学生的教育。

三　班级活动的意义

义务教育阶段的学生正处于长身体、长知识的时期，他们精力旺盛，求知欲强，组织开展丰富多彩的班级活动，对于促进他们的发展，加强班集体建设具有重大意义。

（一）有利于促进学生交往及良好个性的养成

对于正处于发展期的少年儿童来说，同伴的友谊与同伴的认同是非常重要的。美国著名心理学家马斯洛在需求层次理论里谈到人有五种需求，包括生理的需求、安全需求、社交的需求、尊重的需求和自我实现的需求。其中社交的需求又称爱和归属感的需求，是指个人对友情、信任、温暖、爱情的需求。而通过班集体活动的组织，我们可以为学生们创造更多的彼此接触和交往的机会，让他们一起设计活动，一起准备活动，一起参与活动，在活动中彼此有更多的接触、交流，彼此更为了解。有经验的老师都有这样的体会：在缺少活动的班级里，人与人之间的关系往往显得疏远；而每一次成功的班级活动之后，生生之间、师生之间的关系都会更加亲密。因此，班集体活动既是满足学生交往需要的有效途径，也是促进班级人际交往的有效途径。

苏联教育家苏霍姆林斯基认为，个性培养是与集体教育紧密联系在一起的。通过合理组织健康有益和丰富多彩的班级活动，能为学生的智慧、才能、兴趣爱好等个性特征的发展创造良好的条件，使学生的个性品质、兴趣在集体活动中得到表现，也在活动中得到巩固、发展和调整。性格内向的学生，由于在多次活动中获得满意的角色而积极参与，其智慧和特长得到发挥，有可能变得活泼开朗，喜欢与别人交往；而热情欠踏实的学生，在集体活动中多次承担较复杂的任务，也有可能使其锻炼得比较冷静踏实。

（二）有助于班集体的形成、巩固与发展

一个班级由几十个学生聚集而成，但并不是几十个学生的简单聚集，就能够形成一个班集体。几十个互不相识的学生要较快地完成从松散的聚集到逐步成为彼此在思想上和行动上统一协调、在感情上融洽一致的班集体，离不开多种多样的班级活动。在这种集体形式的班级活动中，能构成集体的奋斗目标，调动各个成员的积极性，共同为实现集体目标而努力。

同时，在集体活动中，加强了信息沟通，促进了生生之间、师生之间的相互理解，为建立团结合作、友爱互助的人际关系奠定了基础。班集体活动还常能创造一种欢乐进取的集体氛围，使每个集体成员感受到集体的乐趣和力量，而这种直接体验反过来又能进一步强化学生的集体意识，增强班集体的凝聚力，有力地促进班集体的巩固发展。无数班主任的工作实践证明，班级活动是班集体形成的基础。如果一个班级几乎不搞班级活动，或很少搞班级活动，学生就感觉不到班集体的存在，班集体也不可能获得巩固和发展。只有当学生在不断开展的班级活动中增强了集体意识后，才能在这种对集体的责任心的基础上，形成健康的班集体舆论，使班内在评价各类现象的是非、好坏、美丑、善恶、正邪时，正确的舆论和意见能占绝对优势，那些错误的、不良的东西很自然地会被班级成员所摒弃。这样，良好的班风就能形成，班集体就会变得日益强盛。

（三）有助于活跃学生生活，缓解学习压力

当前，我们可以真切地感受到中学生和小学生的学习压力，这种压力在一定程度上影响了学生身体和心理的健康，影响了他们童年和少年的快乐生活。活泼好动是青少年的天性，与单调紧张的学习压力相比，班集体活动更多的是一种满足学生兴趣需要和让学生进行情感交流的一些活动，所以，不妨开展一些生动有趣的活动，给学生紧张的生活带来一些快乐和放松。

丰富多彩的班级活动可以诱发学生产生良好的角色体验，让学生发现并展示自己的长处，使一些学习成绩平平，平时没有机会展示自我却有特长的学生摆脱压抑感，拥有发挥自己潜能和展现自己才华的舞台，大大增强了自信，激活了新的憧憬。

第二节　班级活动的内容与类型

一　班级活动的内容

班级活动内容的选择要服从于学校的教育任务和班级的奋斗目标。既要有利于学生的全面发展，又要有利于学生特长的发展。班级活动内容十分丰富，有德育活动、学习活动、科技活动、体育活动、文学艺术活动、社会公益劳动，等等。

（一）德育活动

德育活动是班级活动的重要内容，也是学校德育工作的重要形式。这是以向学生进行思想、政治和道德教育为主要目的的活动。这类活动一般是指校内课余组织的时事报告会、英雄模范人物的报告会、革命传统教育报告会、座谈会、团组织和少先队的组织生活、校内或班内组织的政治性校会、班会等。这类活动还包括校外的由国家组织的各项政治活动，如有关国际和平、环境保护等方面的世界性活动、瞻仰烈士陵园和革命纪念馆等活动、社会调查等。这些活动对于提高学生的思想认识和道德修养都有着不可低估的作用。

（二）学习活动

这里所说的学习活动，主要是指为了调动学生学习的积极性，扩大学生的知识视野，以班级全体成员为对象而开展的活动。学习活动是班级活动的核心内容，包括校内的作业展览、学习经验交流会、各种科技兴趣小组活动、知识竞赛与智力竞赛、课外阅读活动等。还有社会组织的各种知识竞赛、创造发明制作的评比展览，当地少年活动中心等组织的有关知识性活动，各类知识性的参观访问等。

（三）科技活动

这类活动以学习科学技术、扩展知识面、发展智能为主要目的。它包括科普知识讲座，创造性的小发明、小制作以及各种实践性的作业活动（如航模、机械、气象观测、标本制作、搜集乡土资料）等。通过这些活动，可以提高学生的自学能力、实践能力和创造能力，为学生未来的职业选择和生活做准备。

（四）体育活动

这类活动的主要目的是发展学生的体力，增强他们的体质，训练他们熟练掌握运动的技能和技巧。它包括普及性的体育活动和提高性、专业性的训练活动。比如运动会、各种球类比赛、拔河比赛、游泳比赛、体操、武术等。通过这些活动可以培养学生勇敢、坚强、吃苦耐劳的精神及体育运动兴趣，发现和培养体育专业人才。

（五）文学艺术活动

这是以培养学生对文学艺术的爱好和发展其文艺才能为主要目的的活动，比如文学欣赏、文学评论、小说、诗歌、音乐、舞蹈、戏剧、绘画、雕刻、刺绣、书法等活动，不仅能提高学生鉴赏美、创造美的能力，还可以充实学生的精神生活，培养文艺人才。

（六）社会公益劳动

社会公益劳动的主要目的是培养学生热爱劳动、关心集体、团结互助、遵守纪律和为人民服务等优秀品质，提高学生劳动观点，培养劳动态度，增强学生的社会义务感和责任感，使他们学习、掌握一定的自我服务和生产劳动的基本知识与技能。它的具体内容包括绿化校园与城镇，清扫环境，维护交通秩序，服务社区等。通过这些活动，能使学生扩大与社会、群众的接触，产生情感交流，树立为他人服务、为社会尽责的思想，形成劳动观点，养成劳动习惯。

二　班级活动的类型

班级活动内容的丰富多彩，决定了班级活动类型的多种多样。按照不同标准，可以对班级活动进行不同的分类。

（一）校内班级活动和校外班级活动

如果按班级活动的地点进行分类，可以分为校内、校外两大类。

1. 校内班级活动

校内班级活动主要是以班会形式进行的。这类班级活动，按各自不同的特点和作用，又可分为例行性班级活动、专题性班级活动和综合性班级活动三类。

（1）例行性班级活动。这类班级活动简称班会。它主要是从研究班务入手，起到发挥、引导全班学生对班级实行民主管理的作用。

一个新的班级刚刚建立，或者一个新的学期刚刚开始，需要制定或修订班级全体学生的共同奋斗目标、班级工作计划、班级各项规章制度，而所有这一切，必须通过全班学生酝酿、讨论、通过。班级在做出某一重大决定和采取行动前，需要全班学生讨论，统一思想认识。有时，班主任老师换了新的，也往往要召开例行性的班会，发表自己的"施政纲领"。如果发现班内有较严重的问题存在时，也需要召开班会，让全班同学对问题的性质、后果展开讨论，运用批评和自我批评的方法予以解决。

一般例行性班级活动往往在开学初、期中、期末定期举行。

（2）专题性班级活动。这类班级活动，是指按当前形势的需要或学校工作的统一要求和部署，或根据班级学生的实际状况，突出一个中心议题——专题而举行的班级活动形式。专题，又可称为主题。根据专题确定的侧重情况，这类班级活动又可分为教育性专题班级活动、知识性专题班级活动、假想性专题班级活动等。

第一，教育性专题班级活动。这种班级活动，主要是针对班级学生中普遍存在的某一共同性问题而组织、设计、开展的，旨在发挥教育作用。

任何一个班级中，总会不断出现这样或那样的问题。有的问题是个别学生身上存在的，通过个别教育和帮助可以解决；有的则是带有普遍性的，如当前中学生中普遍存在的不珍惜时间、不爱惜财物、追求生活享受等问题。有的虽是个别学生身上存在的问题，但在班内有"市场"或对班级有较大影响，在后两种情况下，就有必要开展班级活动来进行教育。有位初三年级的班主任，平时作风比较民主，在担任这个班级的语文教学时，比较注意采用启发式，重视学生思维的培养，也感觉到这个班的学生普遍在课堂上思维较活跃。但担任此班政治课的老师却常常反映这个班级学生上课纪律差，乱说乱动的同学较多。学生对这种指责接受不了，教师和学生间产生了情绪对立。为了正确认识思维活跃和课堂纪律的关系，教育那些乱说乱动、不遵守课堂纪律的学生改正缺点，班主任召开了关于"乱说乱动不等于思维活跃"的专题班会，要求学生联系本班实际，敞开思想。通过讨论，大家明白了思维活跃是指紧跟教学、积极用脑，它与遵守课堂纪律根本不会发生矛盾。一些上课不遵守纪律又标榜自己是思维活跃的学生在议论中受到教育，检讨了自己的错误，表示了改正的决心。在这次班级活动中，因为学生结合本班上课的具体现象而论，也使教师的某些不足之处被提了出来。例如这位政治教师课堂语言极不规范，时时引得学生哄堂大笑或跟着学嘴，致使学生注意分散、乱说乱动。通过班主任与任课教师交换意见，也教育了教师。

组织开展教育性专题班级活动，一般应立足于教育学生明确学习目的、端正学习态度、激发学习热情、培养学习习惯或启迪学生智慧、提高思想觉悟等方面。在组织开展活动时，班主任应防止单纯为了突出教育性而使活动变成简单的说教的现象，因为这样会显得生硬、空洞、气氛压抑。

第二，知识性专题班级活动。这种班级活动是寓教育于知识学习过程中，偏重于获得一定知识。

义务教育的重要任务，就是要用文化科学知识来武装学生的头脑，发挥他们的聪明才智。随着世界科技的迅猛发展，知识的更新越来越快，学生单从课堂上学习课本知识已经远远不够，他们还需要从课外活动中吸取知识养料、发展智力。目前，繁重的课业负担容易使中学生产生厌学情绪，我们在认真落实国家关于减轻中小学课业负担精神的同时，应该精心设计一些知识性、趣味性的专题班级活动，借以调节学生紧张的大脑神经的活动。这类班级活动，易使学生产生热爱科学、学习科学、运用科学的愿望和兴趣。这种结果反馈到课程学习上，又会成为一种巨大的激励力量。

班主任在组织这类班级活动时，一定要了解班级学生求知的需要和存在的知识缺陷情况，有针对性地组织活动。通过活动，使学生增强学习动机和兴趣，了解、掌握相应的学习方法，从而不仅能满足学生的求知需要，并且可引发更高水平的新需要。例如，某校初三（2）班班主任发现班内学生有一定的作品欣赏力，对议论文的评改反映出他们喜欢写切实的议题，并爱争论与自己有关问题的倾向，但真要他们动手，却又怕字当头。通过"民意测验"，发现学生怕写作文，有思想方面的障碍，也有写作技能方面的问题。在思想方面，多数学生存在"我们考不上重点中学，父母骂、亲友笑，这辈子算完蛋了"的悲观情绪。这种悲观情绪导致自卑心理，进而产生学习纪律松懈、作业（语文课的作文）常常不交等现象。在调查基础上，班主任决定开展帮助学生增强写作自信心、提高议论文写作水平的连续性班级活动。他首先组织"读书与信心"的专题讨论班会，向学生介绍许多名人学者刻苦读书的故事，推荐有关大器晚成的专家、学者的资料，提倡学习革命家少年时代的艰苦好学精神，仿效某些待业青年发愤图强的创造性。因为举例典型、形式生动、宣传又贴近学生心理，学生的劲头慢慢鼓了起来。接着，班主任又组织学生开展"明智与糊涂"的专题辩论班会。针对许多学生爱挂郑板桥墨迹"难得糊涂"的胸徽这一现象，组织大家就事论理，结合实际，分清"什么是糊涂？什么是明智？"让学生明确认识到：郑板桥身怀济世之才，但处于腐朽的封建社会，抱负无法施展，壮志受到压抑，故而喊出"难得糊涂"的愤懑之声。郑之"难得糊涂"有其深刻的社会根源和历史背景。思想境界提高后，学生的自信心大增。于是班主任又趁热打铁，组织"百家争鸣"的班级议论文竞赛，人人动手，训练立论与驳论。评改后把写得好的文章印发、张贴或推荐给报社和当地刊物。不少学生写出了好文章，如《别忘掉贫困乡》《莫把药物当食物》《乱吃补药误性命》等，鞭笞了社会上、同学中存在的奢侈虚荣、讲究攀比等不良风气，文章写得有理有据。不久，班主任寄出的好文章有些已在报上刊登了。该班学生个个欢呼雀跃，他们自豪地说："我们的争论走在了前头，作文训练班会不仅提高了我们的思想认识，也提高了我们的写作水平，我们不是差生！"

这类知识性专题班级活动的知识性，往往贯穿于活动的全过程。如上述例子中，即使是前两个铺垫性的班级活动，也使学生学到了许多知识。

无论是教育性专题班级活动，还是知识性专题班级活动，又都可以按照活动进行时的情境不同，分为一般情境下的教育性专题班级活动和模拟情况下的教育性专题班级活动、知识性专题班级活动。前述两个例子的活动都是在一般情境下开展的。所谓模拟情境下的专题班级活动，是指根据一定的教育主题或知识主题的要求，通过模仿某种具体情境的设计，让学生自编、自导、自演一定角色，身临其境地受到教育与启迪。如为丰富学生的法律知识，强化他们的法制意识，有的班主任在班内搞"模拟法庭"的知识性专题班级活动，让学生分别扮演审判长、审判员、陪审员、书记员、被告、被告代理人、公诉人、辩护人、听众等角色。通过对一定"案件"模拟审理，懂得什么是法，了解有关法庭审理的一般程序，明确认识公民守法的意义。

在模拟性班级活动准备过程中，必须注意情景模拟的真实性和准备工作的秘密性。这样，扮演者才能较快地真正进入角色，不致因过早知道而失去对活动的新奇感觉，影响心理投入的积极性，降低效果。

第三，假想性专题班级活动。这类班级活动是确定专题后，任由学生展开丰富的想象，旨在发展学生想象力（特别是创造想象力）。

此类活动较适宜在初中组织开展，因为它符合少年儿童爱好幻想的心理特点。幻想总是指向未来并与个人愿望相联系的。积极、健康的幻想有助于学生确立理想，推动他们在学习和生活中刻苦钻研、奋发向上。

组织开展假想性专题班级活动时，应注意事先必须确定好假想目标。这种目标要能反映学生对未来的良好愿望，寄托他们的社会理想、道德理想或职业理想。在活动进行时，要注意引导学生的假想与当前现实的一定结合。完全脱离现实的假想只是一种空想，它不可能转化为实际动力，必须避免。

假想性专题班级活动，有时也和模拟性专题班级活动相结合进行。在这种情况下，就要为学生创设一定的假想情境，并让学生充当一定的假想角色。

（3）综合性班级活动。综合性班级活动是指班级活动应系列化，活动形式应多样化，活动目的应多元化。因此，综合性班级活动又可分为系列性班级活动、多主题班级活动和教育、知识、游戏融为一体的混合性班级活动三种。这里仅介绍系列性班级活动和混合性班级活动。

第一，系列性班级活动。

这类班级活动是指围绕一个主题或多个主题而开展的一系列活动。它是从活动的纵向考虑设计的。所围绕的主题通常要贯穿于一学期甚至一学年的教育主题中，这一主题不可能企图通过一次班会而达到，要设计一系列的教育活动，由浅入深、由表及里、由外到内地实现。如通过开展系列主题班会，有计划、有系统地对学生进行情感教育，人生观教育，理想、信念教育。

第二，混合性班级活动。

混合性班级活动，是寓教于乐的班级活动形式。这类活动形式灵活，有较强的感染力。例如某初二年级班主任，组织了"我十四岁生日"的庆祝会。班里绝大多数同学在向童年生活告别之际，畅谈对人生价值的认识和自己的远大理想，也进行一些集体性的游艺活动，如吹生日蜡烛、唱《祝你生日快乐》歌，击鼓传花、巧对下联、抽词联句等，同时穿插一些个人节目，气氛十分热烈。这类活动因其形式多样、内容丰富、娱乐性强，较受学生欢迎，能取得较好的教育效果，并有助于班集体各成员间的感情交融。

2. 校外班级活动

校外班级活动，主要是社会实践性的班级活动。组织班级学生走出校门，接触社会，了解社会，为社会服务，对主要活动范围在校内的学生来说十分重要，因为学校只是影响青少年成长环境的一部分，它虽是系统培养人才的重要阵地，但不是教育的全部。组织开展各种类型的校外班级活动，有助于加速学生个体社会化的进程，使他们在与社会各界人士接触的过程中，受到思想品德教育，丰富健康的情感，增强跨出学校后的社会适应能力，改变过去升不了学的学生总是满怀怨气的不良状况。

实践性班级活动的形式很多，也可以从不同的角度进行划分。如以了解社会为主要目的的社会调查、社会考察等；以培养劳动观点为主要目的的勤工俭学、美化环境的劳动等；以培养助人为乐等文明精神为主的街头义务服务、照看孤寡老人和残疾人等；以培养纪律性、增强国防意识为主的参观军事博物馆、进行军事训练等。

班主任组织这类班级活动时，必须注意三点：第一，选择好活动基地；第二，不同年级的学生的实践性活动要有区别，注意水平和层次的差异；第三，为使活动确有实效，班主任应在走出校门前向班级同学讲清实践活动的目的、任务、意义；在学生从事实践活动的过程中，要进行适当指导；当实践性班级活动结束后，应组织学生以口头或书面的形式（如座谈会、汇报会、作文、写总结等）巩固成果。

（二）季节性活动、常规性活动和即时性活动

班级活动按进行的时间特点可分为季节性活动、常规性活动、即时性活动三大类。

1. 季节性班级活动

这是指在一年的时令、节日与纪念日里开展的活动。这类活动有一定的规律性，时间固定，年年重复。季节性活动可分为两类：一类是按一定时令特点开展的活动，如春游、秋游、夏令营、冬令营等；另一类是按民俗节日和其他节日开展的，如清明节的拜谒烈士陵园活动、植树节的绿化活动、儿童节的联欢活动等。

季节性班级活动的组织设计，要按学生的不同年龄特征选择安排。在形式上和具体活动内容上，切忌每年重复落俗，需紧跟形势需要，突出时代特征。

2. 常规性班级活动

这是指一般在规定班会时间内进行的活动。详细内容参见校内班级活动部分。

3. 即时性班级活动

前面提到的活动都是按计划有准备地进行的。而即时性班级活动是指班主任在工作中遇上了教育学生的好机会，即利用学生日常学习、生活中的偶发事件而迅速开展的活动。它往往是临时决定，准备时间短促，但针对性强。由于事件发生不久，趁热打铁开展班级活动，学生的情绪感受强烈、印象深刻，效果往往很好。及时地发现并抓住即时性班级活动的机会，需要班主任有敏锐的观察力和思维力，也需要班主任的机智教育。

（三）师治性班级活动和自治性班级活动

一般义务教育阶段的班级活动，大多是班主任设计、组织、领导开展

的，称为师治型班级活动。但也有些班级活动，旨在引导学生学会自治、自律和民主管理，主要特点是按学生自行设计、组织的自我教育形式进行。例如竞选班干部活动、知识竞赛活动、卡拉 OK 歌唱比赛会等。

班主任对自治性班级活动的指导，应注意隐蔽性，不"包办代替"，不让学生组织者因为班主任的明显参与而让位于班主任，但也不能撒手不管，使之失控。如有的班级的毕业晚会通宵达旦，有的生日纪念会过于铺张浪费，往往是由于班主任没有注意引导、控制。

班级活动的形式多种多样，在具体组织时，多种活动形式要交叉进行，相辅相成，使班级活动发挥更高的效能。

第三节　班级活动设计的原则与艺术

一　班级活动设计的原则

班级活动作为学生成长发展过程中的重要内容，必须要经过精心设计才可以保证组织实施的顺利进行。为保证班级活动的良好效果，班主任在设计和组织班级活动时应遵循一些基本原则。

（一）针对性原则

针对性原则是指班级活动的设计与组织，一要针对学生的年龄特点和身心发展需要。学生年龄不同，兴趣和心理需求也不同。无论是活动主题的选择，还是活动内容形式的确定，都要依据各个年龄阶段学生的特点和心理需要来进行。如小学低年级可着重开展培养学生良好学习生活习惯的活动，中高年级可着重开展克服学习畏难情绪，掌握学习方法的活动；初中生可开展如何与异性交往等活动。二要针对班级学生的思想实际和班级实际存在的问题。比如针对班上学生开始在穿衣打扮上出现攀比性消费的倾向设计班会活动；针对"网瘾""追星""早恋"等现象开展的活动；针对刚入初中的学生不适应学习方法转变而开展的活动；等等。通过活动，引导学生提高思想认识，正确对待学习和生活中出现的各种问题。事实证明，活动越是能针对班级里学生的思想情况和存在的问题情况来开展，则效果越好。

（二）教育性原则

班级活动是一种有目的的行为，以促进学生的发展为根本目标，富有教育性是班级活动的内在追求。因此，班级活动的设计要寓教育于活动中，寓学习于活动中，最大限度地发挥班级活动的教育作用，不能盲目地为活动而活动。同时，活动内容要健康，格调要高雅，防止庸俗、不健康的情调对学生产生不利影响。

班级活动的教育性原则，不仅要看组织活动的动机，更要看组织活动的效果，要把二者统一起来。盲目性是教育的大敌，对班级活动的设计与组织，班主任既要考虑内容的教育性，又要考虑形式应为学生所乐于接受，而且应面向全体学生。教育性是班主任教育职责和教育能力的综合体现。①

（三）主体性原则

班级活动是班主任组织领导下的学生活动，全体学生都是班级活动的主体，是活动的真正主人，他们的想法和要求应该得到尊重。所以，在设计和组织班级活动中，应引导全体学生积极主动地投入活动中。班级具体活动的设计与组织主要应由学生参与策划完成，老师在其中的主要作用是对学生进行引导，并给学生提供必要的帮助。策划班级活动从开始就应听取学生意见，这样的活动容易激发学生的积极性，使活动成为他们"自己要求"的活动，从而提高活动的实效。同时学生在参与活动的过程中，不是被操纵者，而是活动的主角；不只是演员，而是活动的真正主人和最终的受益者。这样的活动才能有效地促进学生的素质发展。

（四）多样性原则

班级活动要更好地发挥它的功能，就必须遵循多样性原则。由于形势的变化性，学校总体教育目标内涵的丰富性，班级、学生实际情况的复杂性，决定了班主任应设计和组织多种多样的活动。而且，义务教育阶段的学生都有求异、求新、求变、求动的特点，活动内容与形式多样性能满足他们这些心理需要，使他们更愿意参与活动，进而能在活动中获得锻炼，身心得到发展。遵循多样性原则，特别是要重视活动形式的多样性。形式是内容的载体，没有丰富多彩、生动活泼、新颖多样的活动形式，再好的内容也难以得到表达，更难以达到教育的目的。

（五）计划性原则

班主任对每学期的班级活动应有个通盘考虑和总体计划，对计划中所

---

① 谌启标、王晞等：《班级管理与班主任工作》，福建教育出版社 2007 年版，第 157 页。

列的各次活动又应列出小计划（即活动的具体实施方案）。因此，班主任在每学期开学前，必须从形势需要、学校计划、本班实际、学生的年龄特点等出发，制订一个本班本学期的班级活动的总体计划，大概确定本学期班级活动的内容、活动次数、活动的形式等，使学期班级活动有一个系统的安排。学期初安排什么活动，学期中和学期末又安排什么活动，要预先有个计划。同时，在制订班级活动计划时，要考虑活动的连续性，考虑重要主题的活动可以形成系列，不断深入地开展，使前一次活动的结束成为下一次活动的起点，推动学生认识的深化。

在组织班级活动时应引起注意的是，所有的原则都不是孤立的、单独起作用的，而是相互联系、相互制约，在活动中综合地发挥效能的。

二　班级活动设计的艺术

在班级活动中要发挥学生的主体作用，但并不排除班主任的指导、点拨与建议的作用，至少应在关系到活动质量的几个主要方面，如活动主题、活动程序、活动情境、活动评价指标的设计上起到主导作用。

（一）活动主题的设计艺术

活动主题的确定十分重要，它是设计整个活动的前提。作为班集体活动，无论是从活动的内容上讲，还是从活动的类型来说，在主题的选定上都应体现出鲜明、新颖、具体的特点。

1. 主题鲜明

主题鲜明是指要紧跟时代的要求和特点，要适合当代少年儿童身心发展规律和需求。例如，随着我国社会主义市场经济的建立与完善，建立与之相适应的道德体系已成为全党、全国人民的共识。作为向学生进行系统教育主阵地的学校，面对道德教育的重点人群——学生，在相当长的一段时间里，进行道德教育不仅是德育工作的主题，更是围绕落实道德教育所开展的各种活动的主题。很显然，在当前只有围绕着道德教育来确定我们活动的主题，才具有时代特色。如为了培养学生"诚实守信"的品德，有的学校就开展了"让诚信回归　手拉手——师生签名"主题活动，这样的主题就很鲜明、很突出，很有鼓动性，很有声势和教育意义。

结合纪念日和专题教育日来设定主题也能体现时代特色。如对学生进行环保教育，就可以结合每年的"世界环境日"来设定主题。像"假如地球上没有了绿色……"和"沙尘暴的诉说"这两个题目（题目是对主题内容的高度概括，有时题目本身就是主题），就能给学生以想象的空间。以"沙尘暴的诉说"为例，这个题目使用了拟人的手法，让学生把自己当作"沙尘暴"向人类诉说。那么说什么呢？这样就促使学生去想象，有的会诉说"沙尘暴的形成"，有的会诉说"沙尘暴来临的情景"，有的会诉说"沙尘暴的危害"，有的会诉说"沙尘暴的防治"。这样，仅仅一个题目可以使学生产生这么多的联想，还担心我们的活动内容不丰富吗？更重要的是通过这样一个主题的活动，不仅使学生受到了教育，而且还增长了知识。假如我们不用这样一个题目，而用"沙尘暴的危害"的话，就会使学生的联想空间大大缩小。这样一比较，哪个题目更鲜明不是一目了然吗？

2. 主题新颖

一提新颖，人们往往会想到活动的形式，其实不然，活动的主题也可设计得新颖，设计得吸引学生，引起学生的兴趣。比如，我们开展落实行为规范教育活动时，如果以"中（小）学生不许……""学生就应该……"等为题目的话，学生就会厌烦，甚至会产生"逆反心理"。再如，我们要落实《××市中小学德育规程》中所规定的"不进'三厅'（游戏厅、台球厅、录像厅）和'网吧'"，围绕这个教育内容而开展的活动，是用"中（小）学生不能进'三厅'和'网吧'"这个题目好，还是用"黑色的诱惑（陷阱）"或"让我们和它断绝来往"这样的题目好呢？显然后者更具新意，更容易引起学生的注意。

3. 主题具体

所谓具体是指主题要有针对性，不要贪大求全。这就要求班主任组织的活动能针对班上带有普遍性或倾向性的问题来确定主题。比如为解决初三学生临近中考前普遍存在焦虑情绪这个问题而开展的主题活动，其题目就应紧紧扣住焦虑情绪，如"冷静是成功之母"或"你能行"，以此来增强学生的自信心，而如果用"争做合格毕业生"这样的题目就很可能无助于学生解除焦虑情绪，反而会给他们造成无形的压力。

（二）活动程序的设计艺术

活动程序即活动进行的先后次序，也称活动步骤。它主要指活动实施过程中的诸多环节的先后顺序。我们在开展一次（或一项）活动时，为了使活动能引起学生的兴趣，往往都围绕着本次活动的目标组织若干不同形式的"节目"。那么，哪个"节目"先上，哪个"节目"后上，"节目"间如何串联，如何让同学对活动产生整体印象等，都需要做出合理而科学的安排。安排得合理，整个活动就进展得顺利；安排得不好，不仅达不到教育的目的，反而会给人造成杂乱无章的印象。

一般的活动程序包括以下步骤：

第一，确定活动的主题。依据前面谈到的主题设计要求，确定活动的主题。

第二，设计活动方案。方案设计的内容包括：选择班会活动的形式，具体人事安排，确定班会活动的时间、地点、经费筹措及分配等。

第三，活动的具体实施。

第四，活动结束时的总结提升。

然而，开展活动的步骤没有固定的模式，同一个主题活动，在不同的班级、不同的阶段，由不同的老师组织，就会有不同的步骤，但不管如何安排顺序，其目的只有一个，那就是保证活动的顺利进行。因此，活动程序的设计要依据本班的具体情况而定。

另外，有些问题也是设计活动程序时必须要注意的：

第一，不管活动程序如何安排，都必须要有利于最大限度地满足学生的需要，最大限度地调动学生的积极性和创造性，最大限度地鼓励学生参与，体现学生的主体性和主动性原则，这是设计程序的基本前提。

第二，活动从开始到结束，每个步骤都要扣紧目标，步骤间要紧密衔接、过渡自然，这是设计活动程序必须遵循的原则。

第三，心理学研究表明，人的兴奋状况的出现，并对某一事物产生兴趣，往往不在这一事物开始进行的时候。只有当学生体会到活动满足了他的需要时，才会对活动产生兴趣，而这时也是学生精神最兴奋、注意力最集中的时候，这是我们落实教育目的的最佳时机，如果把落实教育目标的"节目"安排在这段时间内进行，就能取得最佳效果。因此设计活动程序就要遵循这一规律。这是我们设计活动程序的理论基础。

第四，严格控制活动节奏、把握时间也是使活动按照事先安排的步骤有条不紊、稳扎稳打进行的保证。

（三）活动情境的设计艺术

活动情境包括物化环境与非物化环境。物化环境（也称有形情境），指的是开展活动的会场环境；非物化环境（也称隐形情境），指的是舆论、氛围、情感等。此外，也可以把活动的主题或内容设计成一个问题情境。对于物化环境，即活动的地点或会场要精心选择、布置，使之具有典型性、艺术性，以增强活动的感染力和教育效果。这就是我们常说的"让墙壁说话，让环境育人"。对于非物化环境则需要班主任去创设，去激发，去调动，以使学生能置身于易受感染、能受到熏陶的气氛之中，于潜移默化中受到良好的影响和教育。至于问题情境，则需要班主任在认真听取学生建议的基础上，进行精心而周密的设计。

1. 物化环境的设计

物化环境的设计是活动情境中最好解决的，也是最容易被忽视的。为了开展班级活动，落实活动的目标，对物化环境的设计一定要重视起来。以选择教室作为活动场所为例，应根据活动的内容在黑板上写明题目，板报或专栏应反映一些与活动主题有关的资料，在适当位置布置一些名人警句格言，还可以在讲台前或窗台上摆放一些鲜花，使环境和活动目标给人一种和谐的感觉，对学生有启迪作用。

2. 创设、营造非物化环境

在活动中可以采用这样的方法：请学校领导或家长、校外辅导员到场（这是利用少年儿童喜好在外人面前表现自己，让他人了解、认识自己的特点）；活动前放上几段音乐，让学生心情放松；活动开始前或活动过程中，班主任说上几句鼓励的话；最重要的是班主任应将自己视为集体的一员，以学生的朋友的姿态深入学生中去，给学生一种轻松、愉悦、亲切、自然的感觉，营造一个宽松的心理氛围，使他们放开思想、丢掉包袱、积极参与到活动中来，充分发挥个人的聪明才智，勇敢地表现自己。

3. 设计问题情境的方法

班主任必须掌握活动内容的实质，然后据此选择恰当的素材，最好设计成一个小故事。所设计的情境要带有启发性，能引起学生的思考。要通过所设计的情境把学生带到问题中去，让他们自己去探究、去感悟、去体验，让他们自己找出答案。

（四）评价指标的设计艺术

评价是活动过程中不可缺少的一环，是对活动质量的高低、活动目标落实的情况、活动效果是否显著所做的客观判断。坚持对活动进行评价有利于改进我们的工作，使我们的工作逐渐步入科学化、规范化管理的轨道。

做好评价，必须在制订计划时就设计好评价的指标（即评价的内容和标准）。在设计评价指标时，班主任要做到以下几点。

第一，评价指标的确定要坚持客观性和激励性原则。所谓"客观性"是指要紧密结合学生各方面的实际情况，不能主观降低或超越他们的行为能力和认知水平。所谓"激励性"原则是指侧重于给学生引导和鼓励，通过评价要给他们信心和力量，给他们成功的希望，使他们能够正确认识自己，评价自己，进而更好地发展自己。如果求全责备，严厉苛刻，则容易使他们自暴自弃。

第二，评价指标的内容和标准的确定，一定要紧紧围绕活动的目的。比如，评价班集体活动成功与否，很重要的一项指标是看学生参与活动的程度，因为我们所开展的任何活动都是以学生为参与主体，以使学生从中受到教育、得到锻炼和提高为目的。要想评出"学生参与活动的程度"是怎样的，还必须从学生在活动过程中"参与的时间、广度、范围、协作情况等"来考察。这就要求既要有明确的评价内容（一级指标），还应有具体的标准（二级指标），这样才能构成完整的指标体系。

第三，评价指标测评的形式多种多样，诸如问卷、访谈、检测、汇报等。

第四，评价指标的设计要能反映下列要素的真实情况：活动主题是否符合教育目标，是否符合学生的实际情况；内容是否有时代性、思想性、知识性、趣味性；形式有无创新；成员的主动性及影响效果如何等。

第四节　班级活动的组织与指导

开展班级活动必须充分发挥学生的主动性、独立性和创造性，并充分发挥他们的自主、自治、自理的作用，但这并不等于班主任可以撒手不管，而是应该加强组织，精心指导。

一　组织与指导的内容

（一）活动的组织指导

班主任在组织工作方面的指导作用主要表现在各种班级活动开展的过程中，要善于发现和培养学生中有组织才能的积极分子，使他们成为活动的骨干和带头人，让他们担负起活动的组织领导工作，并大胆放手让他们去做，在做的过程中，班主任可以提出自己的意见和建议，起指点和引导的作用。

(二) 活动的方向指导

班主任是学生的领路人，在思想、经验和知识方面较学生来讲是先知者。因此，班主任在班级活动中的方向指导作用主要表现在选择和确定活动内容时，起好向导作用。例如，学生在读书报、听广播、看电视和电影时，往往只凭爱好，不加选择，这样就很容易受到消极因素的影响。因此班主任有责任加强对学生的这些活动的指导，并有针对性地向学生介绍一些思想健康的书籍、电影、电视剧等，把学生课外文化生活和思想教育结合起来。

(三) 活动的知识指导

班主任在班级活动中的知识指导作用主要表现为对学生的知识辅导和咨询。比如要举办一次演讲比赛会，参加活动的学生并不一定了解和掌握有关演讲的知识和技巧，因此班主任必须就什么是演讲，如何选择演讲的主题和内容，演讲有哪些技巧等有关知识对学生进行辅导，或请这方面的行家进行辅导，或推荐有关的书籍给学生学习和参考，必要时班主任应当做出示范。

(四) 活动的方法指导

班主任在班级活动中的方法指导作用主要表现在对活动的方法和形式起参谋作用。所谓参谋作用，就是出主意，但不强加于学生。例如，学生要举行一次晚会，班主任考虑到既要避免学生晚上回家不便，又要使活动有"晚会"的气氛，可以提出晚会改在白天课余时间进行。为了有晚会气氛，可以把会场的窗户用窗帘遮起来，打开电灯或点上蜡烛，建议采用该方法，并尽量说服学生采纳。如果学生坚持晚会必须在晚上进行，班主任可以要求大家共同做好陪送远道学生回家的工作，保证学生的安全，不必强求学生接受自己的建议。

二　组织与指导的基本要求[①]

班主任通过对活动的指导，使班集体的活动成为具有教育力量的重要载体，是班主任工作艺术的重要体现。因此，班主任指导班集体活动要符

---

① 班华、陈家麟:《中学班主任实施素质教育指南》，南京师范大学出版社 2001 年版，第111—112 页。

合三项基本要求：着力做好活动的设计，加强对活动实施过程的指导，重视对活动结果的总结及反思。

（一）着力做好活动的设计

活动的设计，是指根据活动主题，对活动的教育要求、活动的内容、活动的过程和活动的各个环节进行的策划。活动设计要根据班主任全学期计划内安排的活动做出具体的谋划。它包括：活动的教育要求，活动的全程设计。活动的教育要求，应该根据班集体教育目标的要求来加以确定，是班集体教育目标的进一步的具体化，要求有可操作性，便于检测，一次活动要求不要过多过高。活动的全程设计，要紧紧围绕教育的要求，选择活动的内容、形式、方法和程序。对每一环节应事先做好设计，如一个教育主题或者一种教育任务要求，可以开展一次活动，也可以有计划地开展一系列活动。

（二）加强对活动实施过程的指导

班主任在活动实施过程中不是"保姆"的角色，而是要担当好指导者的角色，即导演、顾问、参与者、主持人和组织者的角色。同时需要班主任在担任不同角色时发挥教育机智，显示指导活动的艺术技巧。为了使活动在实施中取得预期的效果，作为指导者的班主任在班集体活动的实施中要做好以下工作。

1. 班主任要亲自检查活动前的准备工作

对活动的各项准备工作的进展情况要进行全面的、及时的检查，发现不足之处要尽量加以弥补。切忌在正式活动进行前抱怨、责怪和批评学生，这样会使学生不知所措，活动的情绪会大受影响。即使出现问题，班主任也要尽量帮助学生克服，并鼓励学生把有利因素发挥出来，力争把活动搞好。

2. 班主任要亲临活动现场，对活动进行适当的引导和点拨

活动进行时，班主任要以热情饱满的精神状态参与。班主任要善于用非语言的面部表情和肢体语言来表明自己的态度，可以是会心的微笑，点头赞许，鼓掌祝贺，鼓励信任的目光，以调节学生可能产生的胆怯、紧张情绪。如果班主任不担任主持人，那么他必须以普通参与者的身份参加活动，不能随意改变活动的主题、进程。如果发现活动走题，班主任宜通过主持人以建议的方式加以引导，切忌颐指气使，扮演活动主持人的角色。

3. 班主任要善于处理活动中的偶发事件

活动中难免会发生一些意外的事情：主持人或者表演者的台词、动作忘记了，引发学生不满意；学生的情绪反应过于激奋，会场失控；不测因素的突然干扰，活动不得不中断；等等。对有些意外的事件，班主任要善于与学校、社会的有关部门取得及时的联系，较好地、尽快地处理该事件，使活动得以继续顺利进行。班主任处事的机智和能力，对学生也是一种现身教育。

（三）重视对活动结果的总结及分析

活动过程的结束不等于教育过程的结束，班主任要善于对活动结果进行分析和总结，以达到两个目的：一是总结收获，升华认识；二是巩固收获，转化为行动。为此，班主任要做好以下工作：

第一，班主任要引导学生对整个活动过程进行全面的回顾和分析，肯定成绩，找出差距，并把零碎的感性认识提高到理性认识的高度，总结出一些规律性的经验和教训，以更好地指导今后的活动。可以采用总结表彰、汇报报告会、展示会、班报专刊等形式。

第二，班主任要引导学生对活动中所得到的新的认识体验实现内化和升华，把教育活动的要求内化为学生自觉的要求，转化为自我发展的动力，要通过活动把感动、激动和心动转化为行动，去努力履行知与行的统一。

第三，班主任要引导学生把活动中获得的知识、本领运用到学习、生活的实践中去，扩大和深化自己的知识，提高和增强自己的能力。

第四，班主任要引导学生从活动中发现自己的不足和差距，并提出克服不足、缩小差距、解决问题的办法和途径，激励学生树立自信，去取得更好的成绩。

三　组织与指导应注意的问题

（一）正确处理几种关系

1. 思想性、知识性与趣味性、艺术性的关系

青少年学生兴趣广泛，求知欲强，富于幻想。因此，班级活动应有思想性、知识性、趣味性和艺术性。思想性要求班级活动的内容应该正确，活动的形式和方法应该科学，能对青少年学生进行思想教育，激励学生奋发向上，促进学生健康成长。知识性是指班级活动能给学生以一定的知

识、技能，使学生有所收获，不过，它不同于课堂教学，而是寓知识于活动之中，在活动中接受知识教育。趣味性是指班级活动对学生来说是有趣味的，吸引人的。艺术性则是指班级活动的主题和内容一经确定，活动的组织者应对活动形式进行精心设计，使学生喜闻乐见、乐于参与，真正收到实效。

组织班级活动，必须考虑并做到思想性、知识性、趣味性、艺术性的有机结合，力求做到"四性"的高度统一。其中，思想性要贯穿各项活动和每次活动的始终。

2. 课堂教学与班级活动的关系

课堂教学与班级活动各有各自的特点与优势，二者又相互补充，相互促进，对于促进学生德、智、体、美、劳全面发展来说，缺一不可。首先要注意打好课内学习的基础，引导学生把课堂学习中获得的知识运用到班级活动的实践中去。同时，又要注意把班级活动中获得的新信息充实到课堂教学的内容中去。在时间安排上，既不可只抓课堂教学而忽视班级活动，也不可把班级活动安排得过多，占用学生过多的时间与精力，影响课堂教学任务的完成。班级活动要与课堂教学紧密配合，但是不能使它从属于课堂教学，变成课堂教学与课外作业的变相延伸、扩充；也不能使活动跟着课堂教学转，亦步亦趋地配合，自己毫无独立性、主动性。

3. 普及与提高的关系

班级活动中有关文艺、体育、科技制作等方面的内容，既要着眼于普及，又要注重于提高。组织开展班级活动要贯彻面向多数的原则，让不同程度的、有不同爱好的学生都能找到适合自己的活动和表现自己才能的机会，同时要注意对各类"尖子""能人"的发现和培养，把他们早日引向成才之路。

（二）应注意的问题

有意义的、成效显著的班级活动，往往会给学生留下深刻的印象，对于他们智慧的启迪，能力的培养，世界观的形成，甚至人生道路的选择都能起到很重要的作用。所以，班主任应该珍惜班级活动这一思想性、教育性很强的重要阵地，充分利用这一有效教育形式，发挥班级活动的教育作用。为此，在开展班级活动时应特别注意以下问题。

1. 忌无思想性和教育性

开展班级活动应禁忌无思想性、教育性，离开教育目的、德育目标而单纯追求玩乐。活动不是目的，而是对学生进行教育的一种手段，离开教育，活动就没有多大意义了。

2. 忌无计划性和针对性

开展班级活动不能没有计划性和针对性。如果班主任和有关组织者对班级活动不做通盘考虑和长远规划，不精心设计每次活动，不能从青少年学生的实际出发，有的放矢，抓住带有普遍性和倾向性的问题，而是为搞活动而搞活动，为了完成任务，应付上级检查，追求数量搞形式，或硬着头皮主观拼凑，毫无准备，东拼西凑，这样活动就不可能收到真正的实效。

3. 忌成人化

开展班级活动不宜成人化、一般化和简单化。小学、初中教育的对象的不同的身心发展特点，应是我们确定班级活动内容和形式的重要依据。一般来说，学生年龄越小，则形式越需要生动有趣、形象化、艺术化。随着学生年龄的增长，活动中静的、理性化的内容与形式可逐渐增加。

4. 忌千篇一律

开展班级活动不能机械单调，一个模式，无限重复。教育内容和教育要求的不同，以及学生的兴趣、爱好与才能的不同，要求班级活动应采取多种多样的形式、方法和途径。这样才能使学生喜闻乐见，更能调动他们的主动性，发挥其创造精神。

第七章　班级日常管理

班级管理首先面对的是班级日常管理，它是班级管理的重要内容，是一项琐碎而又艰巨的工作，它既是一门科学，也是一门艺术。班级日常管理的内容涉及班级工作的方方面面，包括班级目标管理、班干部队伍建设、班级教学常规管理、行为常规管理、班级文化建设、安全教育、各类学生的教育、学生的卫生保健、班级总结评比、突发事件的处理，等等。由于我们对学生的教育管理首先是从班级日常管理开始的，我们对学生的了解和教育管理，也更多地落实到班级日常管理中，是班级工作的基础，因此，班主任一定要做好这项工作。由于篇幅所限，本章仅介绍班级日常管理概述、班级几类学生的教育管理、班级安全教育管理以及班级偶发事件的处理四方面的内容。

第一节　班级日常管理概述

一　班级日常管理的内涵

班级日常管理是指班级管理者从学校的培养目标和班级工作的要求出发，对班级学生的日常行为与班级状况进行的经常性管理与教育。学生的日常行为及班级状况，是指学生个体和群体每日在自身的生命活动过程中以及在班级学习生活中表现出的最基本、最一般的行为及精神面貌，如到校出勤、课上学习、课间活动、同学交往，学生的情绪、注意力、身体健康等状态。

就具体实践而言，小学、初中班级日常管理就是以《小学生守则》和《小学生日常行为规范》、《中学生守则》和《中学生日常行为规范》的内容要求为依据，结合学校、班级情况，每日进行的经常性管理与教育。

　　小学与初中的学生在校的日常行为是一个生命主体在少年儿童阶段必然发生的生命行为的一部分，也是小学与初中学生每天在履行学习职责中发生的社会行为的一部分。作为一种生命行为，它展现少年儿童个体旺盛的生命欲求，有其天然的合理性，应该得到呵护和满足；作为一种社会行为，它必然要体现社会的期望与要求，因而要受到一定的规范和制约。对学生日常行为的管理既要考虑个体行为的合理性，同时又要考虑个体行为的社会要求性。

　　班级管理者在班级所进行的日常管理工作与教育工作是密不可分的，管理中有教育，教育离不开管理。对班级日常行为的管理是要指导、规范和控制学生的行为和意向，使之按学校纪律教育及其社会的要求去行为活动；而作为教育的一个方面，日常管理又是教育的一种手段，最终是为了促进、激励学生养成高尚文明的行为举止及品质，使其朝着国家、社会期望的方向更好、更快地成长进步。

二　班级日常管理的意义

（一）日常管理为班级创造有序的生活环境

　　班级是一种集体学习、生活的组织。既然是集体，就需要建设一套有序的组织结构和活动方式；学生在班集体中从事学习、锻炼、交往活动，也需要遵守一定的规则，依据一定的程序。有了一定的规则和程序，集体活动才能有条不紊，个人在集体中活动才既"自由"，又有所遵循、不触规。而班级若要按课程计划有序地开展教育教学活动，也应以做好常规管理为前提。可以说，日常管理是班级的"开路"工作或奠基工程。

　　某一常规管理为班级开展的某一方面的教育创设环境和条件。纪律常规是班级一切活动必需的行为秩序条件。有了一定的纪律规范，才能保证班级的教育、教学顺利开展。学习常规保证学生按一定的学习规程进行上课、自习、作业、考试等，有一定的学习常规才有一定的学习质量保证。活动交往常规是生生之间、师生之间及学生与其他人之间交往的一般规则，它既是学生需要学习掌握的生活道德的内容与能力，同时，良好的人际关系又是学生进一步学习发展的条件。环境卫生常规则是为了学生身体健康和顺利学习而产生的要求，等等。可以想象，一个班级的学生如果行为守纪，教室窗明几净，师生、同学之间团结友爱，秩序井然，学习气氛浓厚，那么，这个班级一定朝气蓬勃，德智体美劳的教育、教学活动也就有坚实的保障。所以，每个班级都需要有效的常规管理。

（二）日常管理是班主任管理班级的切入点

班主任面对班级里几十个学生开展工作，其职责是要对全体学生的德、智、体全面负责，工作任务重、内容多、千头万绪，工作量十分繁重。对此，班主任尤其是新班主任应从何入手进行工作呢？答案是：日常管理就是其切入点。日常管理是对班级学生一般因素、通常状态的管理，常规是班级教学、纪律、日常生活的最基本要求，与每一个学生相关联。因此，班主任抓好常规管理，就在班级建立了基本的秩序，为全班学生创造一个有序的学习生活环境。而且，班级常规管理内容为日常行为，具体、细小，看得见，摸得着，一旦认真抓，容易出成效。班级工作走上了正轨，老师、学生既有成就感，又为进一步开展工作打下了良好的基础。所以，有经验的班主任接到一个新班后首先抓的就应该是常规管理。

（三）实施日常管理就是对学生进行养成教育

班级日常管理的内容都是些具体的日常"小事"，如要求学生按时到校、准时完成作业、保持教室环境卫生、课间不要追逐打闹等。这些小事很平常，以至于每个班级里每天、每人都会发生，对老师、学生来说司空见惯。但用"学校教育无小事"的观念看问题，这些小事恰是学生内在品质的外部反映，透过他们细小的外部行为，可以推测学生内心的所思所想和情绪高低。例如，准时到校、不缺课是热爱学习的表现；对人有礼貌是文明素养的表现之一等。正是这些具体行为，构成学生学习生活实践的主要内容和过程，日积月累，逐渐积淀形成人的一项品质。如果学生大部分日常行为都能按要求去做，规范有序，那么，学生的思想品德和在校生活就有质量，否则，可能是另外一种情况。苏联教育家马卡连柯总结自己的教育实践得出结论：教育无非就是练习正确的行为，练习从广义来说就是组织青年进行合理的、有明确目的的多方面的活动，使他们习惯于遵守社会公认的行为标准和准则。因此，班主任进行常规管理就是对学生实施基本品德及行为习惯的养成教育。

养成教育，是指在儿童的幼年和少年时期，通过日常生活和学习过程中的具体事情对他们的言语、行为、态度等进行训练，以培养他们良好的行为习惯和基本的做人品质的活动。养成教育从日常的言行举止入手对儿童进行训练，从大处着眼，小处着手，是一种细致的积累式的教育，先积日常行为的涓涓细流，而后汇成良好品德的大海。养成教育强调从小进行训练，养成习惯，打好做人的基础。养成教育要求进行经常性练习，持之以恒，不可一曝十寒，方能形成稳固的好品格。我国自古有"少成若天性，习惯如自然"的教育格言，意指严格的养成教育对人的成长有着重大的意义。

班级日常管理也是对班级日常学习和生活中学生的言、行、心态进行指导、规范、训练，因此，与养成教育具有同样的目标与功效；从教育手段的角度看，班级常规管理是学校实施养成教育的主要途径。

小学学生与初中学生正处在身心快速发展期，他们身、心表现的突出特点是幼稚和半幼稚半成熟，但其思想行为都还处于形成过程中，很不稳定，也未成型，因此仍是培养优良行为习惯的好时机。在小学与初中阶段，行为习惯的培养应与此阶段的培养目标相符合，如通过训练他们按时到校、坚持出勤，培养学生守时惜时、努力学习的品质；通过训练他们遵守课堂、自习、课间操等纪律的行为，养成他们自律、文明守纪的习惯；通过训练他们做好清洁值日、保持教室清洁卫生的习惯，培养他们认真负责、讲文明讲卫生的素质等。而这些好习惯、好品质一旦形成，将使孩子们终身受益。

三　班级日常管理的内容

班级日常管理涉及的内容多、范围广，可以说学生在校的所有表现及与学生身份相关的校外行为表现都在管理的范围内。学生在班级中的日常行为大致可分六类：基本思想表现行为、纪律日常行为、学习日常行为、活动交往日常行为、环境卫生日常行为和安全日常行为。针对学生日常行为进行的班级常规管理及教育相应分为：基本思想常规管理、纪律常规管理、学习常规管理、活动交往常规管理、环境卫生常规管理、安全常规管理。

（一）基本思想常规管理

思想是人在实践中形成的观念、想法，它支配人的行为和感情。小学、初中是学生形成人生观、价值观的关键时期，因此，对他们的基本思想进行引导、教育、规范，是常规管理的重要内容。

爱祖国是公民的基本思想道德要求，也是学生应有的思想道德品质。管理中要求学生树立民族自尊心、自豪感和为振兴中华而学习的理想。具体表现在行为上，就是要尊敬国旗，会唱国歌。每周认真参加升旗仪式，在升旗仪式上，着装整洁、肃穆，全神贯注地唱国歌，行注目礼。

爱科学是正确人生观、世界观的基本特征，也是学生在成长中需要形成的基本品德。在班级生活中，要求学生积极地学习科学知识，讲科学，追求科学，不讲迷信，反对迷信，远离邪教。

（二）纪律常规管理

这是班级常规管理工作中最经常、最重要的内容。纪律是集体中协调成员行为，使其步调一致，实现共同目标的行为规范系统。纪律能起到统一行动、统一意志的作用。它是集体有序生活，高效率工作学习，有战斗力的保障。正所谓"没有规矩，不成方圆""步调一致才能得胜利"。除此之外，纪律还是一个班级班风的具体而集中的反映。一个班级纪律严整，说明在老师的指导下，学生们学习努力，团结友爱，积极上进；相反，如果一个班级的纪律松散，那么，学生的学习、锻炼，班级卫生可能都很懈怠。班主任通过纪律管理，除了为班级营造一个井然有序的学习工作的人文环境外，重要的是要培养学生遵规守纪、文明自律的品德素养。

实施班级纪律管理指向的内容很多，具体主要有如下几方面。

1. 到校出勤的纪律

这是学校及其班级开展所有教育教学活动的前提条件，具体要求学生坚持到校学习，勇于克服困难，不迟到，不早退，更不无故旷课。

2. 课堂学习与自习的纪律

这是学校教和学的最重要的保证，具体要求学生上课集中注意力学习，不做与学习无关的事，不打扰他人，紧跟老师的教学思路，积极思考，用心领会。

3. 课间操及休息的纪律

要求学生集合迅速、安静，做操的动作到位，总结为"快、齐、静"。课间休息不大声喧哗。

4. 晨会

包括一周一次的升旗仪式纪律。升旗仪式是进行爱国主义教育的重要集会，也是进行日常生活道德、理想情操教育的好时机，要求学生着装整齐，神情庄严，注意力集中，用心领会。

5. 班级卫生值日

要求学生人到心到，打扫工作认真负责，做到窗明几净，同时保持教室日常环境整齐洁净。

　　班级的纪律状况常常呈现波浪起伏状态，任何班级都会有纪律良好、精神振奋的高峰，也会出现纪律松懈、情绪懒散的低谷。形成这种状态的原因是多种多样的，有时因为学生学习身心疲劳了，有时因为外界诱惑，有时因为出现了意外的事情。因此，班级纪律管理是动态的，任何班级的纪律训练不可能一蹴而就，也不可能一劳永逸。班主任既要在一段时间内集中抓纪律教育训练，使班级纪律走上正轨；又要注意日常生活中对纪律的规范和维护，使班级保持有序的纪律状态，使学生养成自觉遵守纪律的习惯。

　　（三）学习常规管理

　　学习是学生来到学校承担的主要任务，是学生在校从事的最经常、最大量的活动，更为重要的，它是学生成长为高素质的社会成员的主要训练途径。学生通过学习前人留下的认识和改造客观世界的经验，逐渐形成自己对世界的一般认识和把握，与此同时，个体经验也在学习中不断地积累和改造，结合所学的知识形成自己的富有个性的世界观、人生观、价值观。"学会学习"是学生的重大任务。而学校组织的学习是有目的、有计划、有系统地进行的，学生在校学习以学习间接经验即书本知识为主，并且迄今仍以课堂学习的形式为主。这种高效的学习促进学生快速成长、全面发展。当然，这种学习也是艰苦的，它是一种社会责任，因此，学习需要承担责任，付出努力，甚至要牺牲一些个人短时间的快乐才能学成。无疑，把班级学生的学习活动管理好是班主任肩负的主要的、重大的任务，并且对学生学习的管理应是多层次、多维度的。针对学习的社会责任性而言，有对学习态度的引导；针对学习是个掌握的过程而言，有对学习过程的环节的管理；针对学习是一种高智力活动而言，有对学习方法的指导。

　　（四）活动交往常规管理

　　活动交往常规指学生在生活、学习活动中，或在与人交往过程中应有的行为方式与举止态度。班主任要依据国家教育行政部门颁布的《小学生日常行为规范》《中学生日常行为规范》《小学生守则》和《中学生守则》，对学生在校内外的基本行为举止给以训练、要求和规范，培养学生的文明行为举止、积极活动、勇于实践锻炼的性格和尊重他人、真诚友爱的品德以及辨别是非与道德选择定向的基本能力。

　　1. 日常行为常规训练

　　日常行为常规指学生在个人日常生活和学校学习生活中应有的文明规

范行为。文明而又规范的日常行为是一个人文明素质的基本反映。在班级，通过对学生的行为进行常规训练，力图使他们变得举止文明，参与学校活动的态度及行为表现为积极主动。根据《小学生日常行为规范》与《中学生日常行为规范》，对小学学生与初中学生的个人日常行为主要在如下几个方面进行训练：[①]

（1）个人行为方面："坐、立、行、读书、写字姿势正确。穿戴整洁，朴素大方……不随地吐痰、乱扔废弃物。不吸烟、喝酒。举止文明。不打架骂人、说脏话。……情趣健康……爱惜名誉。"

（2）爱护公物方面："爱护校舍和公物，不在黑板、墙壁、课桌、布告栏等处涂抹乱画。借公物要按时归还，损坏东西要赔偿。""爱护公用设施、文物古迹。爱惜庄稼、花草、树木。保护有益动物和生态环境。"

（3）遵守交通规则和公律方面："遵守交通法规，不违章骑车，过马路走人行横道。乘公共车、船主动购票，给老、幼、病、残、孕让路、让座，不争抢座位。""遵守公共秩序，购票购物按顺序，对营业人员有礼貌。"

（4）生活自理方面："学会料理个人生活，自己的衣物用品收放整齐。主动收拾房间、洗衣、做饭、洗刷餐具和打扫楼道。""生活节俭，不摆阔气，不乱花钱。"

（5）正义感方面："遇有人问路，认真指引。""见义勇为，对违反社会公德的行为要进行劝阻，发现违法犯罪行为要及时报告。"

2. 与人交往常规训练

交往常规是指学生在与人交往时应具备的礼貌与行为规范。具备交往方面的礼貌与行为规则，是一个人做人的基本品德。

（1）与同学交往："同学之间团结互助，正常交往，真诚相待，不叫侮辱性绰号，不欺侮同学，发生矛盾多做自我批评。"

（2）与师长交往："尊敬教职工，见面行礼或主动问候。回答师长问话要起立，接受递送物品时要起立并用双手，给老师提意见态度要诚恳。""尊重父母意见和教导，经常把生活、学习、思想情况告诉父母。""尊重体贴帮助父母、祖父母。""对长辈有意见，有礼貌地提出，不要脾

---

① 教育部发布：《中小学生守则》《小学生日常行为规范（修订）》和《中学生日常行为规范（修订）》[《班主任之友》（中学版）2004年第6期]。

气，不顶撞。"①

（3）与他人交往："尊重他人人格、宗教信仰和民族习惯。谦恭礼让，敬老爱幼。尊重妇女，帮助残疾人。遇见外宾，以礼相待，不卑不亢。""待客热情，起立迎送。邻里有困难时，主动关心、帮助。""未经允许不进入他人房间、动用他人物品、看他人信件和日记。""不随意打断别人的讲话、打扰他人学习工作和休息，妨碍别人要道歉。""诚实守信，言行一致，答应别人的事要按时做到，做不到时表示歉意，借他人钱物要按时归还。"②

中小学生活动交往的范围和对象还是相当广泛的，有校内、校外的；有文娱、体育、生活、生产、思想、道德的；有老师、同学、家人、亲戚、邻里、朋友；有现实的、虚拟的；等等。班主任应对学生活动交往范围进行引导规范，无论进行什么活动和交往，一定要有益于青少年身心健康成长，对那些危害学生身体和心理的活动与交往要坚决制止。学校组织的活动从内容到形式要丰富多彩，富于变化，以适应和满足青少年追求新鲜、多样、变化的心理要求。组织的活动既可以是一个主题多种形式，也可以是多个主题多种形式。

（五）环境卫生常规管理

环境卫生常规管理指训练、要求学生讲究个人卫生和形成学生保持教室、校园及其他公共环境卫生的意识及习惯。讲究个人卫生和保持教室、校园环境整洁卫生是每个学生身体健康的需要，而健康的体魄又是青少年素质发展的首要因素。同时，洁净、优美的环境是学生在校愉快生活、用功学习的必要条件。此外，具有讲究卫生的意识，具有要保护、创造整洁、卫生、幽雅的环境的意识是文明现代人的重要素养。在社会物质文明日益发达、人们的物质生活日益富裕的背景下，似乎人与自然、人与环境的矛盾也日益突出，人们靠攫取自然力、破坏环境获得的物质享受的行为正在受到大自然的惩罚。因此，保护环境、保护生态是国际上的共同呼吁；保护生态、善待生物是人类一种新的伦理道德。在小学、初中对学生进行环境卫生的教育、训练，是班主任一项基本的、经常性的工作。

<hr>

① 教育部发布：《中小学生守则》《小学生日常行为规范（修订）》和《中学生日常行为规范（修订）》［《班主任之友》（中学版）2004年第6期］。

② 同上。

环境卫生的常规管理首先要从学生的个人卫生教育督促做起。要求他们"穿戴整洁，头发干净整齐，不烫发，不化妆……男生不留长发，女生不穿高跟鞋"。"养成良好的卫生习惯。不随地吐痰、乱扔废弃物。不吸烟，不喝酒"。然后进而爱护周围的公共卫生环境，要"认真值日，保持教室、校园整洁优美"。最后要把爱护环境的意识上升到保护生态环境："爱惜庄稼、花草、树木。保护有益的动物和生态环境。"[①]

（六）安全常规管理

安全问题是学校工作的重点，也是班主任工作的核心。班主任作为班级安全管理工作的直接责任人，必须对本班学生实行全方位、全过程的安全教育与管理。近年来，由于我国经济和社会处于转型期，学校安全工作也出现了许多新的特点和情况。突出表现在校园周边网吧、游戏机室、录像厅、歌舞厅等公共娱乐场所违法违规经营，无照摊贩摆摊设点，治安秩序混乱。由于义务教育阶段的学生年龄小，安全意识和防范意识较弱，伤害青少年学生的恶性刑事治安案件不断增加。农村中小学也因基础设施差，师生安全意识淡薄，学校安全管理存在明显漏洞而导致安全事故发生。这些新情况、新问题的出现，要求学校必须高度重视安全教育与管理工作。班级安全工作是学校安全最基础的工作，班主任必须在做好常规安全管理工作的基础上，进一步针对学生的特点开展一些有针对性的安全管理和教育活动（详细内容见本章第三节"班级偶发事件的处理"）。

四 班级日常管理的关键期

这里之所以称为日常管理的关键期，是因为在某些时间，学生的心理及行为容易产生新的动向或出现波动、异常。班主任抓住这些时间对学生进行日常行为及其思想的教育和管理，把工作做到位，可以事半功倍。关键期一般有如下几个。

（一）新班组建期

新班组建期是指学生由幼儿园进入小学或由小学升到初中时开始新的学习的时期。此时，学生刚刚来到一个新的班级，心中充满喜悦和憧憬。同时，由于刚来到新班，对老师、同学、学校都还不太熟悉，行为、思想

---

① 教育部发布：《中小学生守则》《小学生日常行为规范（修订）》和《中学生日常行为规范（修订）》[《班主任之友》（中学版）2004 年第 6 期]。

都还比较拘谨，对老师的教诲和要求重视程度更高，更易接受。因此，抓住这个时间对学生进行个人的日常行为和班级日常规范的教育管理，提要求，定制度；抓出勤、抓纪律、抓卫生值日，都容易出成效，便于使学生的学习生活尽快步入正轨，也有利于班级形成好的班纪、班风。有些班主任设计在新生进校后组织召开"学习日常行为规范　争做品学兼优的中学生"的主题班会，上好第一课，影响深远。但如果在这个管理的关键期没有抓紧工作或引导、规范不力，则可能形成"坏坯子"，以后再纠正，就需要加倍付出工作量，"发然后禁，则扞格而不胜"。

（二）开学初

学生离开学校，经过一个较长时间的假期生活，一般都盼望回到学校，与老师、同学一起过紧张、有序而又热闹的班集体生活；同时，在假期中，学生经过家长等人的教育，或经历了一些有教益的事情，加上自己的思考，也一般都有一些新学期的新打算。班主任利用开学初的机会，向学生展示一些新计划，提出新要求，会使学生备感鼓舞，继而在班级抓紧进行规范教育工作，以改变以前班上的某些问题，创造班级新气象、新局面。

（三）期中和期末

学生经过半个或一个学期的紧张学习，容易出现疲劳、倦怠现象。此时，学生个人或班级纪律也容易变得松懈而出现违纪问题。如上学迟到，课堂纪律不好，作业质量不高，卫生值日不认真，课间操有人缺席等；而期中、期末考试在即，学生的注意力集中到复习考试上，对卫生、纪律等规定也会放松。因此，班主任在此时要抓紧班级的日常管理教育工作，要更关心学生，切不可造成纪律等松弛现象。但许多事情的组织管理形式可以有所变化，如卫生值日可以临时组合班子，以适应复习考试的要求。

（四）大型活动期

按计划，学校每学期都会组织一些大型活动，如春游、秋游、运动会、艺术节、庆祝会、社会调查实践等。这些活动丰富了学生生活，活跃了学校气氛，深受学生欢迎。但大型活动也改变了学校的教学常规，学生很兴奋，各班全力以赴地搞活动，常常忘记了学校的纪律要求，容易乱套。此时，班主任要加强组织、纪律、人员等方面的常规管理，以保证活动顺利进行；同时，借以培养学生在任何场合和环境都持之以恒地守纪、自律的好习惯。此外，也要根据活动的需要，灵活地实施管理，如把学习小组改为活动小组，在班委会下设立活动领导小组，管理活动期间的事务。通过这些方法，既能做常规管理，又发挥学生的自主性，锻炼他们的个性。

五　提高班级日常管理实效性的措施

（一）让学生做班级常规管理的主人

1. 学生应做班级常规管理的主人

常规管理的对象是学生个人和班级里发生的日常行为，班级常规管理工作也就直接与每个学生相关。班主任是实行这项工作的主体，但班主任要认识到，学生也是班级常规管理活动的主体。因为他们既是管理对象——个人日常行为的主体，又是班级生活的主人。

人的行为的最大特点是受目的性、意识性的支配，一个比较成熟，有一定知识和理性的人都应该明白自己行为的目的和自己的行为对周围人的影响，应该对自己的行为负责，正确地支配自己的行为。明确学生在班级日常管理中占主体地位，就是要让他们成为自己行为的主人，自己教育自己，自己管理自己。从初中学生的年龄特征和年级水平看，他们有一定的个人自我管理和班级常规管理的能力，但是，老师的教育、引导、督促仍是不可缺少的。根据实际情况，初中实施班级常规管理的重点是随着年级升高，要由以班主任管理为主，逐渐过渡到以学生自己管理自己为主。

学生还是班级常规管理教育的目的和归宿。这显而易见。为了使学生在校愉快地学习、幸福地生活、健康地成长，在基础教育阶段要着重对他们进行文明行为习惯的养成教育和管理训练。教育育人、管理育人，这是实现培养目标的主要方法。但在这个过程中，还要培养学生自己教育自己、自己管理自己的意识和能力。只有激发自我教育的教育，才是真正的教育。也只有使学生在日常行为方面具有了自我教育、自我管理的能力时，常规管理和教育才真正取得了成效。

2. 培养学生自我管理的能力

由上所述，要在常规教育中培养学生自我教育、自我管理的意识和能力，让学生真正成为班级常规管理的主人。

（1）要让学生掌握正确的日常行为的规范和标准，提高对基本行为准则的认知水平，明确自我锻炼发展的方向。

（2）要引导学生学会将自己的言行举止与《中学生日常行为规范》

进行比较，寻找两者间的一致处和差异点，联系自我训练的方法，不断激励自己进步。

（3）在学生中树立文明行为的榜样。包括优秀人物榜样、老师榜样、学生榜样、家长榜样。榜样是活生生的教科书。给学生树立榜样，就是让学生从榜样的身上看到文明行为的具体特点和内涵，学习他们自我修养锻炼的方法。

（4）在一定的时候，让学生自己制定班级规则或纪律。如某班同学在班主任的带领下，经过集体思考、讨论、推敲，制定了本班的"五个一"的广播操要求，即一支曲集合，一个人不缺，一条线站好，一句话不说，一节节做好。来自大家的规定，必然有最佳的管理效果。

（二）养成学生自动遵守常规的习惯

1. 养成文明行为习惯的意义

习惯是由点滴行为积累而成的，也是个体将学习获得的认识内化为自我需求而又自觉实践的结果。习惯也就是高度自动化的行为。习惯一旦形成，就形成了一种动力定型，不需要外力督促，在任何条件、环境下，主体都会自觉不自觉地按一定的模式去做。一个人只有养成了文明行为习惯，才能形成文明行为素养，由此奠定一个现代人成为文明人的基础。

先培养学生良好的行为，然后再训练使其"自动化"——变成习惯，这是班级日常行为管理的理想目标。全国优秀班主任魏书生在辽宁盘锦中学任校长、党总支书记和班主任时，校务、校外活动繁忙，一年几乎有三分之一的时间在外地开会、做报告，但他所带的班仍然井井有条，一切都在按老师在班上的要求做。这就是形成自动化常规管理的理想结果。

2. 养成自动遵守常规习惯的一般要求

要养成学生自动遵守常规的习惯，第一，要将向学生提出的日常行为规范的要求贯彻到底。只要要求合理，就要求学生做到，不能随心所欲、朝令夕改；小事要求一丝不苟，大事要求规范有序，只要持之以恒，天长日久，必有收获。第二，由认识到实践，由实践到认识进行多次、反复强化，使已形成的好的行为得到巩固，形成习惯。

（三）班主任要从日常行为做起，当学生的榜样

"师者，人之模范也。"老师是学生天然的榜样，老师不仅教学生知识，而且要用自己的行为、思想品质引导学生，给学生以示范。尤其是在班级常规管理中，班主任除了用制度、纪律、要求来规范学生的行为外，

更要对学生晓之以理、动之以情。这里启发学生的"理"、感动学生的"情"，不能仅是老师的说教，更重要的是老师的"行"。身教胜于言教，一个行动胜过数次说教。人的日常行为由于其直接、外显，更容易被学生看见和模仿。班主任更是随时随地在几十双眼睛的监督之下。教育家马卡连柯告诫他的儿童教养院的老师们：不要以为你们在同儿童谈话、教训他、命令他的时候才是教育，你们生活的每时、每刻，甚至你们不在场的时候，也在教育儿童。你们怎样穿戴、怎样对待朋友和敌人，怎样笑……这一切对儿童都有意义。而班主任尤其要"既美其道，又慎其行"，也就是要以身示范、以身立教。

在日常行为方面，要求班主任严于律己，做学生的楷模。从装束打扮、语言动作，到对待许多日常的人和事的态度、行为，都要符合教师的身份，端庄、高雅、文明、有修养，做一个神形秀美的使者。其实，每个班的学生都是一面面明亮的镜子，从他们的身上会"反映"出班主任的形象。

第二节　班级不同类学生的教育与管理

同一班级的学生，尽管他们的年龄大致相同，知识水平相近，在心理上有着共同的特点，但是每个学生由于遗传素质不同，所受的家庭、社会环境影响不同，因而在思想品质、行为习惯、兴趣爱好和学习状况等方面都有着不同的表现，表现出不同的类型。因此，班主任在做好集体教育的同时，还要注意做好各类学生的个别教育工作，使每个学生都能得到更好的发展。

一　对优秀学生的教育与管理

优秀学生是指那些在德、智、体诸多方面发展都走到大多数学生之前的学生。这些学生最主要的特点表现为：有远大的理想和优良的道德品质；有浓厚的学习兴趣和较好的学习基础、学习成绩；有遵守纪律、文明礼貌的习惯；有健康的思想感情。他们在学生中一般都有一定的威信和影响，是学生中的榜样和教师的得力助手，也是教师和学生之间联系的桥梁，班上许多工作都要通过他们去做。如果教育指导得当，这些优点和品质就会转化为使他们更优秀的动力，反之，就会变成阻碍他们进步的阻力。因此，班主任必须对优秀学生进行严格教育，督促他们充分发挥带头作用和骨干作用；同时又要十分注意教育的方式和方法，帮助他们发现自己的缺点和不足，并加以克服和纠正，保持先进性和健康发展。

（一）要做到重用与教育，表扬与批评相结合

由于优秀学生本身具有的优点和日常行为表现，他们比一般学生更容易得到老师和家长的喜爱和重视，对他们往往是表扬多、批评少，使用多、教育少。从优秀学生的个性特征看，一般都具有较强的自尊心、自信心、荣誉感、超群愿望和竞争心理。但是，在一些优秀学生身上也的确存在爱听表扬，只看到自己的优点，不敢正视自己的缺点，受不得批评，经不起挫折，重智轻德，孤高自傲，不合群等弱点。因此，班主任在教育时，既要看到优秀学生的优点，给予表扬、鼓励和重用，又要看到他们潜在的和已经暴露的弱点和缺点，给予严格的批评教育，督促其不断进步。

（二）要对优秀学生提出更高、更严的要求

为了更好地帮助优秀学生，班主任必须克服"好马不用鞭子催，响鼓不用重锤敲"的错误观念。俗话说："严是爱，松是害，不管不问要变坏。"这是有道理的。要使优秀学生保持先进，就要对他们提出比一般学生更高、更严的要求。有的班主任担心"重锤"敲"响鼓"，会把鼓敲破，挫伤优秀学生的积极性，这种顾虑是没必要的。只要我们敲得适时适度，提出的要求符合学生实际，经过他们的努力是能够达到的；只要我们在工作中做到严而有理，严而有度，严有方，严而有恒，那么，不仅不会挫伤优秀学生的积极性，反而可以使他们百尺竿头，更进一步。

（三）要教育优秀学生严于剖析自己

班主任要教育优秀学生懂得"人外有人，天外有天"的道理，使优秀学生明白，成绩能鼓励人，同时也会使人骄傲，不注意自己的修养就会落后，后进生经过努力也可以变成先进生。要教育优秀生具有自知之明，严于解剖自己，不能只看到自己的优点和成绩，更要看到自己的缺点和不足；要看到别人的长处，学习别人的长处，谦虚谨慎，戒骄戒躁，这样才能使自己立于不败之地。

（四）班主任要掌握好表扬与批评的分寸

班主任如果过多、过于集中地表扬优秀生，会使他们产生骄傲自满的情绪，同时也会给其他学生以不公正感，进而产生对优秀生的反感、疏远和不信任，影响班集体的团结，给班主任的工作带来困难和损失。因此，

对优秀生的优点和成绩必须注意表扬，但要注意表扬的分寸与方式。有时对优秀生的表扬，最好不要从班主任口中说出来，而要让其他学生来说。比如有一位品学兼优的好学生，在期末评比中，以全票被评选为"三好学生"和"优秀班干部"，当时班主任问全班学生："为什么你们都推选××同学呢？"很多学生纷纷说出了自己的看法，如学习刻苦，成绩优秀，乐于助人，严于律己，工作主动负责……这样大家更明白了这位优秀生究竟好在哪些地方，令人心服口服。从此，这位优秀生成了全班同学学习、效仿的榜样。

对优秀生的缺点、错误，同样要注意批评的力度。由于他们的感情比较细腻，好胜心和自尊心都很强，因而不能过多地公开批评，而应该以进行个别教育为主。有一位模范班主任就很注意批评的艺术。她班里有一位学生是班内的学习尖子，她聪明，性格内向，沉稳，却有些傲慢，常常看不起人。上课时谁要是答不上问题来，她总是轻蔑地一笑，并显出极不耐烦的神情。班主任上课时曾想当场点名批评她，后来改变主意。一次放学后，班主任把她留下来，问她："这学期我们共学过多少形容笑的词语？"她想了想说："微笑、大笑、狂笑、冷笑、耻笑、讥笑，还有哈哈大笑。"班主任说："上节课同学回答问题时，我看见你笑了，是吗？"她点了点头。班主任又接着说："你看用哪个词形容你当时的笑合适呢？"她很敏感，脸红了，低声说："讥笑、耻笑。"班主任问："这两个词是什么意思？"她说："由于看不起人而笑话人。"班主任说："是啊，尊重别人是我们应有的道德风尚，虚心才能使你进步得快啊。"从此以后，她常常主动帮助后进生学习，被评为学校的"三好学生"。

当然，不过多地当众批评优秀生，并不意味着对优秀生的缺点、错误要隐瞒和保守秘密，尤其是已在相当一部分学生中造成不良影响时，就更应该视缺点、错误的性质，该公开的就得公开。不过在公开之前，先要对当事人做好说服教育工作，使他认识到所犯错误的严重性，使其心悦诚服地接受批评，并主动地提出在班内公开做自我批评，这样做更能使他提高对自己的认识和取得其他学生的谅解。

此外，班主任还要注意根据优秀生的特长，分配给他们一定的工作。一般地说，优秀生在班集体中的威信是比较高的，他们自身具备的优点可以成为同学们学习的榜样。教师委派他们从事一些工作，就是要创造学习、生活、纪律等方面的良好环境，使得他们的智慧和才干得到充分的发挥，同时也使他们在工作实践中得到锻炼和提高，从而完善他们各方面的品德。

二　对后进学生的教育与管理

后进学生通常是指那些学习不努力，成绩较差，思想上不求上进，品德水平较低的学生。后进生在班上所占的比例较小，但活动能量大，影响面广，常常妨碍班级多项工作和活动的顺利开展。要教育好这些学生，不是一件容易的事，这是一项艰巨、细致、耐心的工作，是班主任工作的一场攻坚战。从整体上看，分类教育的重点应放在后进学生的教育转化上。

（一）后进学生的心理特点

做好后进生的转化工作，班主任首先要研究后进生的心理特点。为什么有些班主任花了很长时间，下了很大的功夫，却收效甚微？一个很重要的原因就是对后进生的心理特点缺乏必要的认识，因而不能采取有效的方法进行教育。转化后进生必须遵循青少年学生的思想特征和心理特征，把住脉，找病根，才能对症下药，做到有的放矢。

1. 自卑而又自尊

后进生的自卑感和自尊心常交织在一起，并处于矛盾之中。由于长期经历失败，一时无法改变其在集体中居于落后的位置，因而"求知欲"和"上进心"受挫，不思进取；有的由于身上存在这样那样的缺点和错误，经常受到老师、家长的批评和指责，总觉得老师、同学、家长看不起自己，自卑感很强，以至没有上进的信心和勇气，甚至自暴自弃。但与此同时，他们的自尊心又很强，他们不愿意老师当众对他们批评训斥，也不能容忍同学对他们的轻视和瞧不起，尤其对老师"翻旧账""揭老底"的做法十分反感，甚至记仇，极力地维护自己的尊严。

2. 傲慢而又懊悔

后进生虽然成绩较差或品行不良，但常常表现出不以为然，他们对老师的批评教育满不在乎，对优秀生常常表现出鄙视和瞧不起。虽然人前"神气十足"，而实际内心却十分空虚和不安，常常心里也羡慕和钦佩那些优秀的学生，对自己所犯错误产生不同程度的懊悔，心里涌起一定改正错误、要求进步的希望。

3. 易感化而又自制力差

后进生并非都是"朽木不可雕"，他们中的大多数内心深处也有要求上进的愿望，也常常做一些努力。只要教育者教育引导得当，他们会为之感动，并振作精神向着好的方面奋力一搏。但是后进生之所以变成后进生，又常常与他们自制力差、意志不顽强有关，这些因素决定着他们在转变过程中不可能一直都是勇往直前的。一遇到困难和挫折就可能让他们动摇和后退，有时哪怕仅仅是一丝欲望的诱惑，一点情绪的干扰，也会让他们停滞下来，依然如故。比如后进生的学习成绩差，多数是由于他们在学习过程中不用心、精力不集中、怕艰苦、没耐心、纪律松散造成的。他们有时也产生要好好学习，把学习成绩搞上去的念头，但是在艰苦的学习实践中，缺乏持久的动力和毅力，结果良好的愿望不能实现。

4. 情绪消极而又好自我表现

后进生一般在思想、学习、劳动等方面都明显落后于其他的同学，当他们犯了错误以后，常常受到老师的粗暴训斥，同学们的讽刺挖苦，家长的打骂教育，从而产生恐惧心理和对立情绪。他们由于长期生活在被漠视、受歧视的环境中，因而平时的情绪往往是悲观、低沉和冷漠的，对人没有信任感。这类学生由于平时没有"实现自我价值"的机会，于是常常寻找另一种方式来表现自己。他们有的拉帮结伙，"江湖义气"十足，为"哥儿们"敢两肋插刀；有的独来独往，我行我素，无视他人的帮助和教育。这类学生的行为往往具有盲目性、冒险性、危害性，在他们的反常表现中蕴藏着强烈要求得到别人信任和尊重的愿望。

从以上分析看出，在后进生的身上的确存在相当多的缺点和不足。这就使得后进生与其他同学之间有了一定的距离，也导致了他们和教师之间筑起一道无形的墙，使教师的教育不易为他们所接受，教师的爱不易渗入他们的心田。

（二）后进生的成因

后进生的成因，与环境、家庭影响、学校教育等因素有着密切的关系。

1. 社会环境影响

（1）"向钱看"的意识冲击。市场经济的高速发展与精神文明建设的不同步，"一切向钱看"意识在"有钱就有一切"的诱发下滋长，极其严重地冲击着青少年学生的思想，使部分学生形成"钱最重要"的片面认识。

（2）不正之风干扰。改革开放的步伐与法律不健全、政策不完善、综合治理不配套的矛盾，滋生出谋私利、搞特殊、拉关系、走后门等不正之风，使少数学生形成了想自己、占便宜、图实惠的享乐利己的思想。

（3）精神污染毒害。在所谓的"效益观念"的驱使下，有些出版商编辑、生产、销售低劣刊物，地摊小报上也充满关于色情暴力、凶杀打斗等的书刊，录像、影视、低格调酒吧、演唱等见多不怪，这些强烈地诱惑、污染、毒害着社会阅历浅、认识模糊、识别抵抗力不强的青少年学生的思想。

2. 家庭因素的影响

（1）家庭学习环境恶劣。主要指有的家庭住房拥挤，各成员活动互相干扰，家里来客过于频繁，家庭周围环境嘈杂等，所有这些都会影响学生的学习和休息。

（2）家庭气氛不良。有些学生的家庭成员之间关系紧张、冷漠，经常争吵，家庭气氛紧张；家庭中有些成员品行不端，行为不轨，道德品质败坏，自私自利，家庭道德气氛差，这些往往给生活于其中的学生以直接或间接的影响。

（3）家庭缺乏温暖。主要是有些学生因其父母离异、外出打工、再婚或亡故，从而失去家庭的温暖，生活上无人问津，思想上无人教育，物质需要长期得不到满足，精神屡遭折磨，心灵受到严重创伤，心灵平衡遭到破坏，不仅严重影响其学习，还易使他们形成孤僻、多疑、自卑、不合群等病态心理，其中一些意志薄弱者碰上坏人施以物资和精神上的诱惑，易上当受骗，走上歧途。

（4）家庭教育不当。一是家长忽视、放弃或无力教育。有些学生的家长由于工作比较紧张或经常外出，无暇顾及子女，下班后家务过累，没有精神教育孩子；有些家长经常忙于挣钱，很少关心子女在校内外各方面的情况；有些家长有心把孩子教育成人，但苦于自身的知识水平低，又缺乏经验，无力教育，特别是当子女处于青春期时不知该如何教育。二是家长态度偏激。有的过分溺爱，使其子女霸道成性；有的放任不管，使其子女放纵恣意；有的专制粗暴，教育不当。三是家庭教育不协调，这也是产生差异的重要原因，家庭成员的态度和方法不一致，常使孩子无所适从。

3. 学校教育影响

（1）"苦学"导致厌学。中小学学习内容抽象、单调，脱离实际；学科多，课业重；教育方法呆板枯燥；"听课，作业，测试，分数"的固定模式等，使学生感到压抑，心理负荷超重。"苦学"引起部分学生产生不想读书、逃避学习的厌学情绪，成绩越差，越失去学习信心，甚至辍学。

（2）精神生活空虚。学生在他们的个性发展过程中，有渴望丰富精神生活的需要。他们精力旺盛，感情丰富，兴趣广泛，好动爱玩，喜新好奇，但缺乏自控能力，学校传统思想又带有褊狭性和封闭性，使学生精神生活得不到满足，从而产生逃学现象。打游戏、上网吧、赌钱出走，以寻求补偿和刺激。

（3）片面追求升学率的严重影响。学校教育把着眼点放在少数尖子学生身上，人为地分快慢班，这就使分入慢班的学生丧失学习信心。再加上班主任对落后的学生缺乏耐心的思想教育，严重挫伤了学生的自信心，加剧师生之间的矛盾，使不良行为蔓延恶化。

（三）转化后进生的方法

大量的研究事实证明，只要教育的方法得当，没有一个学生是无可救药的，教育的目的就是帮助学生取得成功。

1. 感情交流，心理相融

教师应正确对待后进生，善于同他们交朋友，通过语言交流、情感交流、行为影响等方法，消除差生的疑心。亲其师，才能信其道。当学生感到班主任真心实意地对自己好，觉得老师可亲可敬可信赖时，给予适当的引导和教育，就会十分有效。当他们愿意与班主任推心置腹地谈心里话，吐露真实思想时，就是他们突破心理障碍、发生思想转变的重要时机。班主任一定要抓住这种时机。

2. 培养兴趣特长，在活动中激发自信

苏联教育家马卡连柯说，得不到别人尊重的人，往往有强烈的自尊心，你信任他，赋予他更多的责任，往往是调动他积极性的最好手段。通过参加各种有兴趣的活动，让他们的兴趣特长在活动中得到充分发挥，进而认识到自身的价值，实现自我肯定，消除自卑心理，使之从压抑和自卑中解脱出来。同时，在生活中，教师要善于捕捉后进生的闪光点，及时肯定他们取得的成绩和进步，以增强其自信心，并促使其将这种优势迁移到学习或纪律上来。

3. 掌握后进生个性特征上的差异，因材施教

每一个合格的教育者都应该正确认识和掌握学生的特征和个性差异，

并采取适当的教育方式和措施，才能收到好的效果。这一点在后进生的转化上尤为重要。这就要求教师按照后进生的个性特征进行个别教育，采取正面的教育措施，发展和巩固积极的个性倾向，改造消极的个性特征，以促进和完善后进生的个性发展。在学习上，要求教师按照后进生个性特征加强知识技能教育；在教育目标上，要求教师对不同个性的后进生提出不同的教育要求，采取不同的教育方法，从而取得好的教育效果。

4. 重视后进生自我意识的发展和培养

一个人总是根据他的自我观念、自我要求来指导自己的行为，使自我行为和自我观念、自我要求保持一致。后进生由于自我意识上的障碍、歪曲，以及有些教师的教育不当，主体意识上的自主性转化成对抗性和逆反心理，陷入孤独和自卑，养成封闭性性格。因此，这就要求教师对后进生进行热情而又有艺术的指导和教育，采取适当的教育和方法，使后进生的自我意识得到发展，帮助后进生实施"自我教育"，引导他们积极有效地参与教育过程，充分调动他们的积极性，发展他们的智力和能力。

第三节　班级偶发事件的处理

偶发事件顾名思义就是偶然发生的事件，也叫突发事件。偶发事件的发生往往对班级工作，对教学，甚至对学校的正常秩序会产生较大影响。而在一个班级中，偶发事件时有发生，即使是已形成集体的优秀班级，偶发事件也很难避免。所以，在班级管理中，班主任要防微杜渐，尽量避免偶发事件发生；同时又要对一些始料不及的偶发事件做出恰当的处理。妥善处理班级偶发事件，是班级日常管理的重要内容之一。

一　偶发事件概述

（一）偶发事件的含义

所谓偶发事件，是指突然发生在教育教学活动或学生的日常生活当中，严重影响学生个体或班集体的利益与形象，扰乱正常秩序或危及学生安全的事件。教育过程是一个动态的、开放的过程，教育的对象是不断发展的动态活泼的学生，他们有着不同的个性，身心又在不断地变化发展，家庭、社会等环境对学生也起着潜移默化的影响。因而教育过程中存在众多不可控制的、难以预料的干扰教育工作的因素。这些不可控制因素就会引发出令人意想不到的偶发事件。同时，教师的劳动又具有创造性，在教师创造性的劳动过程中，难免会出现一些失误，引发出偶发事件。

正确处理偶发事件具有重要的现实意义，它不仅能保证教学工作的正常进行，而且偶发事件往往会成为教育的契机，对学生和班集体起着教育作用。每一件偶发事件都是对教师的教育能力的严峻考验，它可以全面地测试教师的师德修养、智力素质、教育机智、组织能力等。

面对偶发事件，班主任最容易出现的问题就是情绪冲动，其表现是急躁、易怒、感情用事，处理事情简单粗暴。这样往往会把事情搞得一团糟，导致事态复杂化、恶化、升级。班主任容易犯的另一个错误是盲目行动，其表现是不能针对偶发事件做必要的调查了解，在没有把握事件的态势与性质之前，就仅凭主观愿望进行处理，结果事与愿违。另外，极少数缺乏责任感的班主任，对偶发事件听之任之或推卸责任，这更是不能允许的错误。他们往往认为某些偶发事件与己无关，便置之不理。或者当偶发事件出现时，他们想到的不是最大限度地保护班集体和学生的利益，妥善地教育和引导学生健康成长，而是想方设法地推卸自己的责任，保全自己的利益。

（二）偶发事件的类型与特点

1. 偶发事件的类型

偶发事件可分为以下两种类型：

（1）一般性的偶发事件。例如：损坏公物；课堂上个别学生突然捣乱，影响教学正常进行；上课时学生顶撞老师，导致中途停课；学生之间矛盾激化；旷课；小偷小摸等。

（2）特殊性的偶发事件。例如：伤害人身，但不严重，还没有触犯刑律；学生之间的殴斗；离家出走；严重违反社会秩序和纪律等。

2. 偶发事件的特点

（1）突发性。偶发事件总是在突然之间就发生了，在什么场合，什么时间，谁的身上发生，班主任都难以预料和防止。

（2）紧迫性。偶发事件总是人们意料不到的事件或是突然发生的紧急情况，需要在最短的时间里解决"怎么办"的问题，以灵活应变的能力、临场机敏的应付处理、快速的语言运用和行动来平息事态或抑制事态的发展。否则，"战火"越烧越旺，矛盾越来越大，问题越来越复杂，后果也就越来越严重。

（3）破坏性。大量的事实证明，偶发事件正好暴露了学生思想品德的弱点，说明了班主任工作中的不足。学生中的各种偶发事件的发生，有时涉及个别人，有时也会关联整个集体。对个别人来说，会给他的思想品德、个性和身心健康发展造成巨大的影响；关联整个集体的，则会使班级产生震荡性的效应。处理不当，会造成混乱而难以收拾的局面。

（4）多样性。偶发事件还表现出多样性的特点，同是偶发事件，但事件产生的性质不一定相同，大小及严重程度不一定相同，当事人的年龄特点、个性特点也不尽相同。从时间上来看，有的发生在课外，有的发生在课内；从地点上来看，有的发生在校内，有的发生在校外；从相互关系来看，有的发生在同学之间，有的发生在班级之间，有的发生在师生之间。最让班主任感到棘手的则是牵涉面广、影响范围大、问题比较严重的事件。因此，可以说偶发事件的处理过程，是对班主任的综合能力的检验和锻炼的过程。

（三）偶发事件产生的原因

分析产生偶发事件的原因，一般有以下几种。

1. 潜发性的与随意性的

潜发性的偶发事件是指某种潜伏的因素，以某件事为导火线而突然爆发出来的事件。如某些斗殴，往往是个人或"小群体"之间的积怨表面化；某些学生离家出走，往往是长期的家庭矛盾造成的恶果；师生在课堂上的纠纷，基本是由于隐藏的师生矛盾而发生的。随意性的偶发事件，有的是由于不留意而造成的，如因为粗心而损坏了公物，因为失手而伤害到同学等；有的是由于临时出现的某种原因造成的，如为了观看一场难得的精彩比赛或影剧而临时决定旷课等。

2. 品德问题与非品德问题

偶发事件，有的属于品德问题，例如乘车逃票、小偷小摸等。有的属于非品德问题，如不小心损坏了公物等。

3. 性质一般的与严重的

偶发事件的性质如何，不仅要看它所造成的后果，还要看当事者的动机。所以，要弄清楚偶发事件的后果与动机的关系，具体分析偶发事件产生的原因后，才能有的放矢地进行教育和处理。如对潜发性的偶发事件，除了解决眼前的纠纷外，还要解决潜伏着的旧怨和矛盾，这样才能避免再次发生纠纷。又如偶发事件涉及个人品德方面的，教育起来就应该严格些，性质比较严重的，还应该多次进行教育。再如出于报复打人的，即使没造成什么大的伤害，也应该严肃地批评教育，甚至给予必要的行政处分等。

二 处理偶发事件的原则

偶发事件的处理要遵循以下几个原则。

（一）教育性原则

偶发事件的处理重在教育。不论其性质如何，影响多大，也不论当事者表现怎样，都要坚持进行教育，不能简单处理。如有些仅属于性质一般的偶发事件，由班主任对当事者个人进行必要的教育，提出必要的告诫就可以了。而有些偶发事件，性质较严重，影响较大，班主任除对当事者个人进行教育外，还要在集体中进行教育，甚至利用集体的力量来进行帮助教育。对偶发事件的当事人不能采取"一概抹杀"的做法，即不论什么性质的偶发事件，都要给予纪律处分或行政处分。要考虑到学生的可塑性，对一般性的偶发事件，甚至一些影响较大的偶发事件，通过教育，当事者已经对问题有了深刻的认识，并在行为上有改正的表现，就不要再给予纪律处分。对于性质很严重、影响很坏的偶发事件，在教育的基础上，给予一定的行政处分是必要的。

（二）公正性原则

班主任在处理偶发事件时，对当事者而言，不论是谁，都要公正对待，不能袒护任何一方，否则将会产生很不好的后果。特别是学生小团体之间发生的偶发事件，在处理时更要体现公正性。公正性要体现在处理的全过程，如在采取措施制止偶发事件时，无论是行动或语言都要公正，不能只指责一方；在对偶发事件产生的原因进行调查时，要认真听取双方的陈述，不能偏听偏信某一方，而压制另一方的意见；在听取双方陈述的过程中，不要随意表态；在对偶发事件进行最后处理时，要实事求是，对事对问题，不能只对某个人。在某些偶发事件中优秀学生不一定就有理，就对，后进生也不一定就无理，就错。

（三）自己处理的原则

对班级学生中发生的偶发事件，只要不违反原则和规定，班主任都应该坚持自己处理，不要轻易把矛盾上交。班主任处理偶发事件的水平，是自身能力的体现，通过对偶发事件的处理，让学生进一步了解教师，沟通师生之间的情感，进一步树立班主任的威信。有经验的班主任，对班级中发生的偶发事件，一般都坚持自己处理，对性质严重的必须交由学校或有关部门（如公安部门）处理的偶发事件，班主任也应积极配合，主动承担教育的责任。班主任在对偶发事件当事人进行教育时，切不可用把问题交给学校处理的方式来威吓学生，这样做反而不利于班主任威信的树立，容易造成学生的反感。事实上，对一般性或性质不很严重的偶发事件，即使上交给学校，学校有关部门批评教育后，也还要学生回到班级接受教育。学生回到班级时，班主任的教育就显得软弱无力，学生还会产生一种"班主任无能"的想法。

（四）尊重、信任学生的原则

偶发事件常常发生在后进生身上，面对事件的后果，一般情况下，每个后进生都会产生几分内心的自责，他们渴望老师的谅解，并给他们改正的机会，这是人的自尊心的作用。自尊心是有双重性的，当其受到尊重、保护时，会使人产生一种积极的、向上的力量，使自己进步；当其受到损伤时，则会在一种逆反心理的支配下使行为向教育者所要求的相反的方向发展。即使是一位好学生，由于处于不成熟的青少年时期，其自尊心的表现特征也是如此。为此，面对偶发事件，作为一位好班主任，在调查了解之后，最重要的是研究如何尊重学生的人格，不能翻算老账、孤立学生，更不能挖苦讽刺，以免使本来就处于紧张状态下的学生，感到失去了老师的信任，失去了班集体的关心，产生自暴自弃的心理。

另外，偶发事件多发生在课堂教育、教学正在进行时或各类课外活动的进程中。处理时要注意不能打断正在上的课和正在开展的活动，应暂时平息，课后、活动后再处理，此为上策，若非处理不可时也要将当事人带出教室或活动场地，先让当事人自己反省，班主任须回来继续上课或主持活动。在处理偶发事件时，也更应注意犯错误学生的闪光点，善于依靠和发扬学生思想品德中的积极因素去克服和限制消极因素，因势利导地启发学生进行自我教育。

三　处理偶发事件的方法与技巧

（一）处理偶发事件的方法[①]

班级偶发事件发生的原因是多方面的，出现的形式是五花八门的，班

---

① 谌启标、王晞等：《班级管理与班主任工作》，福建教育出版社 2007 年版，第 193—195 页。

主任处理偶发事件方式方法也应该是灵活机动的。正确处理偶发事件是班级教育工作的重要组成部分，它对形成健康的班集体和促进学生的全面发展具有直接而重要的意义。

1. 降温处理法

降温处理法是指班主任暂时采取淡化方式，把偶发事件先"搁置"一下或稍作处理，留待以后从容处理。这种方法要求班主任在偶发事件发生之后，不要急于做出结论，而是通过充分地调查了解和对事件中的学生进行说服教育，使学生自己对问题本身有了基本正确认识之后，再做出结论和处理。因为偶发事件往往伴随着学生情绪的冲动，如果以强硬的办法进行处理，就会火上浇油，不仅不利于问题的解决，相反会促使矛盾进一步激化。班主任首先要"降温"，要缓和情绪，缓解矛盾，不要粗暴地把学生推到矛盾的对立面，使他们产生更强烈的抵触情绪。要给学生留点余地，必要时给学生一个台阶下。当然，班主任也不能不做处理，不能拖到无法再拖时再处理。班主任要选择最佳时机，以学生对事件醒悟和对问题发生的原因、过程、责任等完全弄清时处理为宜。处理过早难免偏颇，拖得太久又会使学生的醒悟淡化。因此班主任一定要抓准时机，从而及时解决矛盾，即帮助经受挫折的学生及时放下包袱，并教育其他学生，促进班集体工作的顺利开展。

2. 变退为进法

变退为进法即班主任在遇到突发事件且发生"暂时遗忘"时主动巧妙地把问题交给学生思考，自己争取时间来考虑解决方法，最后再综合大家的意见来得出结论。例如，一位班主任是这样评价自己处理学生打破玻璃的偶发事件的：[①]"我班程裕同学体育课球赛时一时冲动，用球撞击教室玻璃，结果玻璃被打得粉碎。怎么解决这一偶发事件？是不是停下球赛去处理，立即批评？这时，我以退为进，将这个事件交给学生：'球赛继续，问题课下处理。'下午，我走进教室，碎玻璃已被扫净，窗户上也安上了新玻璃。私下问时，原来是程裕同学认为自己太冲动、太鲁莽了，中午自己配上了新玻璃。"以退为进，不是不处理，而是充分地相信学生，引导学生自我教育、自我管理，从而达到自我提高的目的。

---

① 刘平海：《涓涓细流滋润心田——小学班主任处理偶发事件的艺术》，http://www.tqjy.cn/Article/ssyd/20051110175.htm。

3. 移花接木法

移花接木法即班主任利用学生身上的某个"闪光点"，根据学生注意力容易转移的特点，巧妙地把偶发事件的处理转移到另一件事情上去。作为班主任，一定要深入了解班里的每位同学的性格特点，尤其要关心那些性格内向、学习成绩并不出色的同学，因为他们最需要老师的关爱。班主任的关爱，将会改变他们的一生。比如，一位班主任所带的班，有位女生性格特别内向，学习成绩很差。一天早晨，她给班主任打电话说，她不想上学了，随后就把电话挂了。放学后，班主任和几个班干部去她家，原来她的父亲出车祸丧生了。"多么坚强的孩子啊！为什么不在电话中告诉老师呢？"在她悲伤的日子里，班主任几乎每天都去看她，安慰她、鼓励她，后来她考上了大学。

4. 幽默化解法

幽默化解法即班主任对有些偶发事件所产生的尴尬局面，采用幽默的办法来化解矛盾。这种方法多用在那些注意力不集中、思想开小差、行为走极端的学生身上。当偶发事件（尤其是无意中造成的）发生时，班主任可视情况用语言、眼神、手势等作暗示，在幽默中化解，否则只会适得其反。例如，一次自习课，还不到下课时间，班长带两位同学走出教室，但当他们发现班主任就在后面的班级上课，三人立刻弓着腰，轻轻地、慢慢地、一步一步地回到了自己的座位。班主任第二天上课时，模仿他们三人的样子走进了教室，于是大家哄堂大笑，可是他们三人却低下了头。课后，三位同学主动向班主任认错，班主任只是笑笑而已，并没责怪什么。同样，在另一个班的自习课上，有几个女生闲聊，班主任发现后狠狠地训斥了她们，结果这几位同学不但没有认识到自己的缺点，反而指责老师的态度太粗暴。

（二）处理偶发事件的技巧

1. 机智

教育机智作为一种智力品质，是处理任何偶发事件都必需的心理条件。但这里讲的机智主要是指一种方法，有"巧妙"的含义，是教育机智在处理偶发事件中的具体化。教师运用机智的语言或机智的措施处理偶发事件，体现出教师"随机应变""处变不惊"的能力。

2. 幽默

教师的幽默需要以教师挚爱学生的情感、豁达乐观的心态和机智的智力品质作为基础。幽默作为解决偶发事件的有效办法，往往能化干戈为玉帛，变尴尬为自然，使学生在笑声中领会错误，消除"病根"。这种方法既能保持教师的权威，又不致使学生陷入尴尬难堪的窘境。

3. 暗示

当偶发事件发生时，教师用含蓄、间接的方法加以提醒，既维护了学生的自尊，又不干扰教师工作的进行，比如教师通过目光、临近控制、提问等方法阻止学生讲话，就是一种有效的暗示方法。

4. 宽容

宽容意味着教师对学生的理解和信任，宽容不是软弱，不是无原则的迁就，也不是对学生不良行为的默许，更不是纵容与包庇。宽容要使学生体会到教师的仁厚与良苦用心。

5. 自责

教师大胆地说出自己的缺点和错误，敢于当着学生的面检讨自己。这无疑会使学生觉得教师是个胸怀坦荡、正直不阿、可以信赖的人，有利于师生的心灵沟通，解决问题就比较容易。

处理偶发事件是对班主任管理艺术的考验。如果班主任想把工作做得卓有成效，就必须做好以下几点。

1. 发现苗头，及时预防

偶发事件虽然说是偶然的，但却有它的必然性，因而它的发生是有规律可循的。班主任应对偶发事件的规律性加以研究，从偶然性中找出必然性，进而达到预测和预防偶发事件的发生，把偶发事件的消极作用降到最低的目的。

2. 满怀爱心，高度负责

没有爱就没有教育，对偶发事件的解决，教师要表现出对学生的挚爱与负责的精神。有经验有责任心的教师从不会对偶发事件听之任之，他往往会从偶发事件中探求学生的思想动向、心灵奥秘，并抓住偶发事件这一契机，达到教书育人的目的。也只有以高度负责、满腔热忱的态度来处理偶发事件才会使学生后悔愧疚，心服口服。

3. 沉着冷静，果断谨慎

面对偶发事件，教师切忌急躁冲动，感情用事，而必须做到沉着冷静，判断要正确，感情要克制，行动要果断，处理要谨慎。教师对学生的调皮捣乱行为要做具体分析，不要动辄发火，滥施惩罚，要善于克制自己的情绪，以平等的姿态对待学生。对偶发事件中犯有严重错误的学生，教师要以严肃的批评说理教育他们，使他们明白所犯错误的性质。

　　4. 机智灵活，掌握分寸

　　教育机智是教师在教育过程中表现出来的机动灵活的聪明才智，它作为一种智力品质，包括了深邃的洞察力、灵活的应变能力、敏捷的反应能力和巧妙的组织引导能力等智能结构。而洞察力又需要建立在敏锐的观察力、准确的判断力和严密的分析推理能力的基础之上。

第八章 班级管理的新课题

第一节 对留守儿童的教育与管理

留守儿童是城市化进程中出现的一种社会现象。成千上万进城务工的农民工不得不选择把孩子留在农村老家接受教育，留守儿童教育问题由此产生。留守儿童的父母外出务工，在一定程度上改善了家庭经济条件，为子女接受教育提供了较大的空间和可能性。但是从总体上看，由于父母长期在外，导致大量留守儿童缺乏父母的亲情呵护、完整的家庭教育和监管，致使他们在学习、生活、情感、价值观、人身安全、心理等方面出现诸多问题。因此，对于农村学校的班主任来说，留守儿童的教育是一个特别需要关注的领域。

一 留守儿童的现状

全国妇联 2008 年 2 月 27 日发布的《全国农村留守儿童状况研究报告》把农村留守儿童定义为："父母双方或一方从农村流动到其他地区，孩子留在户籍所在地，并因此不能和父母双方共同生活的 14 周岁及以下的未成年人。"[1] 全国留守儿童中，绝大多数生活在农村，所以留守儿童一般指农村留守儿童。研究报告指出，目前全国农村留守儿童约有 5800 万人，与 2000 年相比，2005 年的农村留守儿童规模增长十分迅速。农村留守儿童已非常普遍，其中义务教育阶段的农村留守儿童约有 3000 多万人，小学适龄儿童较多。超过半数的农村留守儿童不能和父母中的任何一方在一起生活。在全部农村留守儿童中，父母一方外出的占 47.14%，父

---

① 全国妇联：《全国农村留守儿童状况研究报告》，《中国教育报》2008 年 2 月 29 日第 1 版。

母双方外出的占 52. 86%。①

农村留守儿童问题，既是涉及社会弱势群体基本生存的社会问题，又是关系许多农村儿童接受义务教育的基本问题。目前农村留守儿童存在许多问题，包括基本权利难以保障、人格发展不健全、学习成绩不良、道德发展出现危机等。全国妇联调查发现，农村留守儿童面临生存与发展的四大突出问题：一是留守儿童的亲情缺失问题；二是留守儿童的生活抚养问题；三是留守儿童的教育监护问题；四是留守儿童的安全保护问题。②

（一）亲情缺失问题

相关调查发现，超过半数的留守儿童不能和父母生活在一起，33%的父亲、25%的母亲外出 5 年以上。而且 60%—70% 的父母是在外省打工，30% 的父母每年回家一次。打电话成为留守儿童与在外父母联系的主要方式，但也有约 2% 的父母与孩子常年无联系。由于长期与父母分离，儿童在面对自身变化、学习压力、人际交往等问题时，缺少父母的关怀，容易对他们的心理健康造成影响。

（二）生活抚养问题

由于部分农村家长缺乏科学的喂养知识，家庭的饮食习惯基本是有啥吃啥，特别是父母不在身边的留守幼儿，科学喂养更是缺乏。据留守儿童营养与健康状况的相关调查显示，部分留守儿童体格生长发育指标水平明显低于非留守儿童，留守儿童低体重率和生长迟缓率高于非留守儿童。

（三）教育监护问题

从整体情况看，多数留守儿童与祖辈共同生活，由于老人文化教育水平较低，加之还有近一半委托监护人同时监护几个儿童，老人监护往往主要是照料孩子的生活。家庭将更多的教育监护责任"转嫁"给学校，但对于学校而言，由于教育资金不足，专业资源匮乏，面对留守儿童的特殊需求，学校、老师常常是有心无力。

（四）安全保护问题

相关调查显示，有 56% 的临时监护人经常关注并采取措施预防留守儿童意外伤害发生，但也有 34% 的人只是有时会注意，还有 8% 的人明确

① 全国妇联：《全国农村留守儿童状况研究报告》，《中国教育报》2008 年 2 月 29 日第 1 版。

② 全国妇联：《全国农村留守儿童状况研究报告》，《中国妇运》2008 年第 6 期。

表示顾不过来。一些农村大龄留守儿童离开了学校，脱离了正规组织的管理，处于无人监管、自行其是的状态，容易侵害他人或受到侵害。留守儿童溺水、伤亡事故也时有发生。据有关部门反映，被拐卖儿童中，流动儿童比例居第一位，留守儿童比例居第二位。

二　留守儿童教育存在的问题

近些年来，许多学者对留守儿童的教育问题进行了广泛深入的研究，综观已有调查研究，留守儿童教育方面存在的主要问题有以下几个方面。

（一）对留守儿童的道德教育重视不够

首先是家庭教育的缺失。孩子最初的道德观、价值观都是在家庭中受父母的影响而形成的。由于留守儿童与父母长期分离，致使他们缺失了完整而有效的家庭教育。有些外出打工的父母也希望自己的孩子生活得好，学习好，将来成为比自己有出息的人。但是由于现实或他们自身受教育程度等各方面原因，他们对子女的关爱大多停留在满足孩子的物质生活和学习需要的肤浅的层面，而对留守子女的思想道德教育往往不够重视。由于监护人的特殊性，只要孩子不犯大错，监护人对其行为一般不过问，不对孩子思想道德方面进行教育和引导。由于家庭教育的缺失，导致部分留守儿童纪律散漫，道德品行较差，不遵守规章制度，迟到、旷课、逃学、迷恋"网吧"等，甚至与社会上的混混搅在一起，抽烟、酗酒等。有些孩子由于失去父母的监管，甚至走上违法犯罪的道路。

其次是学校教育的重智轻德。目前绝大部分农村学校依然热衷于应试教育，片面追求升学率，对学生的思想道德教育和行为规范指导欠缺。许多教师工作量较大，一个老师兼数个班的课的现象也很普遍。繁重的工作任务使得老师在留守儿童道德教育方面显得力不从心，甚至根本无法顾及。除非留守儿童在学校表现不好，严重影响其他同学的学习和生活，老师才会与其家长和监护人取得联系，商谈留守儿童道德教育方面的问题。另外，在中考压力下，学校片面追求升学率，很多学校也将德育工作放置一边，使得农村留守儿童道德教育陷入尴尬的境地。

最后，社会道德环境的消极影响。当下社会道德教育环境不容乐观。随着市场经济的发展，网吧、游戏厅、歌舞厅等娱乐场所也开始向农村扩张。为了追逐更高的经济利益，很多经营者选择将网吧、游戏厅、歌舞厅等设在人数相对集中的学校附近。留守儿童作为儿童中的特殊群体，在缺乏父母有效监督和引导的情况下更容易沉溺其中而深受其害。

（二）对留守儿童的学习指导重视不够

在学习方面，留守儿童的学习成绩普遍不是很好，部分孩子学习成绩很差，基本上处于一种不学状态。就家庭来说，父母长期不在身边，孩子的学习无人辅导和督促。监护人文化水平普遍偏低，很难对孩子的学习进行指导，也很少主动与老师联系，过问孩子的学习状况，这就致使大部分留守儿童学习成绩平平，独立作业能力不强，学习自主性差，少数孩子有厌学情绪，甚至有逃学行为。就学校而言，为了追求升学率，往往对学习成绩一般的学生不太重视，在学习上只抓所谓的"尖子生"，课堂提问也主要是针对"尖子生"。很多留守儿童由于学习成绩一般，而老师的这种做法极大地打击了他们的学习积极性，也在一定程度上影响留守儿童文化素质的提高。大多数老师尚未意识到留守儿童这种现象，也没有发觉留守儿童与非留守儿童之间的细微差异，因此没有对他们进行专门指导。一位初一的学生这样说道：她父母都在外地打工，她平时跟外婆一起生活。由于外婆身体一直不好，她平时放学回家还要帮外婆做一些家务，学习上又没有人辅导。小学时学习成绩很好的她，现在在学习上感觉有点力不从心，学习成绩只算得上中等。她上课的时候总是很认真听讲，每次回答问题她都很积极，争着举手，可是每次老师都好像没有看到她一样。最让她感到委屈的是有一次提问只有她一个人举手，可是老师却说"大家都不会啊？那我们一起来看一下这道题"。她有一种彻底被抛弃的感觉，现在上课根本没有举手的勇气，对自己也丧失了信心。

（三）对留守儿童的心理健康教育往往忽略

留守儿童正处于身心发展的关键时期，长期与父母的分离使他们得不到及时的引导，心理健康问题是留守儿童最容易出现的问题，也是表现得最为突出的问题。就家庭而言，亲情关系对孩子行为习惯、心理健康、人格与智力发展有直接而重要的影响。由于父母不在身边，留守儿童长期缺乏亲情的抚慰和关怀，往往感到焦虑、紧张，缺乏安全感，人际交往能力差；长期与父母分离，他们的性格往往变得内向、自卑、悲观、孤僻。调查显示：监护人对留守儿童的心理健康问题介入较少，关注不够；由于与监护人有心理上的距离，留守儿童遇到问题时情绪往往无法及时得到排解，常常导致感情脆弱、自暴自弃、焦虑、缺乏自信、悲观消极等畸形心理。他们的心理问题明显高于非留守儿童。

由于家庭生活的不完整，留守儿童在心理发展上存在的很多困惑与问题需要学校给予帮助与疏导，需要通过教师的关爱、集体的温暖弥补家庭教育的缺失以及亲情缺失对其人格健全发展形成的消极影响。但由于教育理念、办学条件、师资力量等多方面因素的制约，农村学校很少开设专门的心理课程并配备专门的心理教师，使得正处于成长发育期的留守儿童的身心健康受到很大影响。虽然很多老师意识到需要多关心他们，但在农村学校，留守儿童非常普遍，老师也常感觉力不从心。

（四）留守儿童的安全教育管理严重不足

留守儿童由于年龄较小，自身缺乏安全意识，又得不到家庭和父母有力和有效的监管，监护人普遍缺乏安全防护的意识和能力，致使留守儿童伤人或被伤害的事件时有发生。在全国各地，留守儿童溺水、触电、打斗等意外伤亡事件屡见不鲜，甚至被拐卖、被侵犯的恶性案件也常常见诸报端。据相关部门统计，寒暑假期间是留守儿童安全事故的频发期，事故发生率甚至比平时要高出两三倍。到了假期，留守儿童基本没有什么事可做，也没有一个好的去处，加上父母一方或双方外出，父母对孩子缺乏必要的安全教育，而孩子往往充满好奇心，对很多存在安全隐患的地方都想尝试，很容易出现各种安全问题。学校在放假前虽然会告诫学生注意假期安全，但是却缺乏必要的监督监护措施。

三 班主任对留守儿童的教育管理策略

留守儿童教育存在和面临的问题是全社会面临的问题，解决留守儿童的教育问题需要以政府为主导力量，同时将家庭、学校和社会各方力量整合起来，形成一个相互协作的合力机制，才能为农村留守儿童创造一个健康和谐的成长环境。班主任是学校教育力量中的直接执行者，是与留守儿童接触最多的教育者，在留守儿童的教育管理上理应更有作为。因此，这里仅讨论班主任对留守儿童的教育管理行为。针对留守儿童教育存在的问题，班主任应努力做好以下方面的工作。

（一）了解学生，建立留守儿童档案

了解学生是教育管理好学生的前提。班主任在接手一个班后首先要做的工作是了解本班学生的情况，特别对留守儿童要认真调查，摸清本班留守儿童的基本情况，并为每个留守儿童建立动态专项档案，记录好学生家长姓名、学生的基本情况、家庭详细地址、联系电话，家长务工单位详细地址、联系电话，监护人或其委托监护人的职业、详细地址、联系电话、身体状况、年龄等情况，并把自己的电话号码告诉学生及其监护人，以便及时联系。同时，适时根据本班学生变动情况，及时补充或变更档案的相关内容，记录下留守儿童各阶段变化的情况，跟踪他们的成长。通过这种方式，有效建立起学生家长与老师之间方便的沟通渠道。

（二）密切关注留守儿童的生存状态

留守儿童长年与父母分离，由于监护人的特殊性，极易导致因监护不到位而产生的生活质量问题、行为习惯问题、安全问题等，留守儿童的生存状态令人担忧。面对这种状况，班主任要了解各个学生的家庭情况和学生存在的问题，有针对性地开展工作。第一，要加强学生的习惯养成教育。留守儿童多数是隔代抚养，老人对孩子往往溺爱有加，教育不足，致使孩子养成了一些不良行为习惯，如不讲卫生，爱吃零食，乱花钱等。班主任可以利用各种形式的班会活动让学生反复接受教育，使他们养成良好的饮食卫生习惯，懂得珍惜父母辛苦劳动的成果，不乱花钱，并逐步培养起理财意识。第二，要加强安全教育管理（详见本章第三节"班级安全教育管理"）。

（三）高度重视留守儿童的品德成长

班主任是留守儿童在学校时生活、学习、思想、道德、心理等全方位的辅导老师，要把留守儿童的品德成长作为日常工作的重要内容，随时留心他们的思想行为及变化情况，及时加以引导与教育。长期和父母分离的孩子，缺乏家庭温暖，他们常常会做出一些特殊举动，以引起别人对他们的关注。实际上他们内心极度脆弱，他们希望得到老师和同学的爱护，渴望感受来自集体的温暖，以慰藉自己脆弱的心灵。因此，教师在平时要多留心这些孩子的一言一行，及时了解孩子思想上、行为上存在的问题，对症下药，切实做好留守儿童的品德教育工作。实践表明，班主任在留守儿童的品德教育问题上，多关爱，多沟通交流，有针对性地开展班级活动以及建立"成长记录袋"，记录下每个留守儿童每阶段中的日常行为、品德发展情况，让留守儿童及其家长都能及时了解自己，反思自我，从而纠正不良的道德行为等，都是非常有效的方法。同时，针对留守儿童的教育问题，开通亲情热线，定期召开监护人会议，实行"代理家长制"等，都是值得推广的办法。

（四）加强留守儿童的学习辅导

留守儿童在学习上因为没有父母的直接监督和鼓励，学习主动性往往较差，祖辈们大多文化水平偏低，孩子的家庭作业很难得到及时辅导，加之缺乏父母具体的引导和鼓励，使得他们的学习自信心普遍较低，学习目的不明确，学习动力不足。由于孤单以及对父母的思念，课堂上他们更容易注意力分散，不能全身心集中于学习。久而久之，一些学生便会感到学习压力增大，从而出现厌学、逃学、辍学等行为。为此，班主任首先要做的是给这些留守儿童以特殊的关爱，关心他们的家庭、生活、学习和困惑，多走进他们的生活，多接纳他们，并利用班集体的力量形成一个温暖、宽松的成长、学习环境，让留守儿童切实感受到班集体的温暖，从而弥补由于留守而缺失的亲情。另外，要更多地关注他们在学习上存在的问题，一方面要多鼓励多辅导，建立起他们的学习信心；另一方面可以通过开展各种形式的活动让学生明确学习的目的和意义，还可以通过成立留守儿童"爱心小组"，以班干部和优秀学生为成员，他们每个人与一至二名留守儿童结成对子，在学习、生活上给予留守儿童帮助，让他们互相鼓励、互相关心、互相帮助，共同成长。

（五）切实关注留守儿童的心理健康

由于亲情缺失、家庭监管缺位、学校教育偏颇等原因，使得心理问题成为留守儿童最容易出现的问题，不能不引起家庭、学校、社会的高度重视。时下，关爱留守儿童心理问题也已成为社会的焦点，更是班主任的特殊使命，班主任责无旁贷地应肩负起关爱留守儿童心理健康成长的责任。为此，班主任要向留守儿童投入更多的关爱，经常和留守儿童交谈、沟通，及时了解他们的心理状况，给孩子以父母般的关心、帮助，驱散他们心中的孤独与自卑，走出父母外出带来的阴影，排解他们的心理困惑。如在其生日给他送个小礼物，组织全班同学为他唱一支《祝你生日快乐》歌，让他感到大家对他的关爱。班主任还要及时了解留守儿童的情绪变化，一旦有什么变化，要及时与他们交谈了解情况，做他们的贴心人，赢得他们的信任、尊重，这样，一旦其有什么困惑就会主动向班主任讲，这样班主任就能及时疏导，把问题化解于萌芽状态，对他们的心理健康发展十分有益。与此同时，班主任可以建议学校定期举办心理健康教育讲座，设立心理咨询室，开通"亲情热线"，开设"倾诉信箱"，为留守儿童提供及时的心理咨询与辅导，让留守儿童倾诉心中的烦恼与困扰，缓解和化解心理压力。有条件的学校可开设心理咨询网站，设立网上心理咨询室，为留守儿童提供咨询、指导。班主任可以公开自己的 QQ、"悄悄话"电子邮箱，帮助留守儿童解决无人倾诉、不敢倾诉、无处倾诉的问题，使之解开心灵的疙瘩。

（六）加强与留守儿童父母或监护人的交流与沟通

班主任要向留守儿童的家长告知自己和科任教师的联系电话，增进学校和家长的沟通联系。利用电话、家访、网络平台等方式指导家长或监护人掌握与学校沟通的方法技巧，提高教育孩子的水平。每学期对全班留守儿童进行一次以上的家访。由于留守儿童的特殊性，其父母都在外打工，家访局限在节假日或家长偶尔回家的时候，为了更好地沟通，可以更多采取书信或电话的方式与其家长取得联系。也可建议家长或监护人多打电话，或多写信与自己联系，以便交流孩子在校的情况。呼吁家长：为人父母应切实负起责任，给留守孩子更多关爱，多利用电话、书信、网络与子女进行情感交流，亲子互动，使他们正确认识父母外出打工的事实，理解父母的苦衷，进而使他们怀着一颗感恩的心努力学习，报答父母。建议父母与子女的交流和沟通，最好每周一次，使孩子感到父母虽不在身边，心里是牵挂着他们的，从而让他们体会到父母的呵护与关爱，心里充满快乐与满足。班主任还可以建议家长在寒暑假，把孩子接到自己的身边，跟父母在一起，这才是孩子成长过程中最大的幸福。

第二节　对沉迷网吧学生的教育与管理

一　学生沉迷网吧的原因

一些学生沉迷网吧，其主要原因有以下几个方面。

（一）可以获得心理满足

在网络这个虚拟的世界里获得成功的机会远远高于现实生活，容易获得心理满足。现在的青少年多是独生子女，在家中比较孤独，但他们心理上最渴望能与同龄的伙伴交流，在家玩游戏机毕竟是单向的，网上聊天则是一种相对真实的交流，可以宣泄自己内心真实的烦恼、孤独和痛苦。在网上还可以根据自己的喜好扮演一个满意的角色，真实生活中的缺憾可以通过网上制造的虚拟角色来弥补，比如找异性朋友，实际上就是这个年龄段对异性好奇的意识的反映。

（二）便于逃避家长

网络的高科技身份，给学生一种借口，给家长一种障碍，学生可以打着学电脑技术的旗号向家长伸手要钱，而家长对电脑和网络不是很懂，对学生上网做什么更是无法控制。

（三）可以随心所欲

网吧给前来泡吧的人提供一种放荡的文化氛围，网民在网吧中可以无所顾忌。中学生在家里当着家人的面不可能看那些被限制的内容，但是在网吧里就可以随心所欲，寻找刺激、猎奇、偷窥，种种在阳光下不能实现的欲望都可以在这里实现。

（四）网络能给青少年一种心理平衡

在一定条件下，网络的使用者之间确实没有高低贵贱之分，不同身份的人都可以在网络上发表自己的看法与见解，并能得到自己所需要的东西。

（五）一些青少年对性的好奇心

网上还有不少境内、境外的色情网站发布淫秽不堪的照片，其下流的场景和行为动作，使青少年深受其毒害。正因为网络的许多特点切合青少年的心理需要，所以青少年对到网吧上网乐此不疲，甚至如痴如狂、神魂颠倒、茶饭不思、荒废学业，有的甚至走上犯罪的道路。

那么，网吧对青少年到底有哪些危害呢？面对沉迷于其中不能自拔的学生，作为班主任来说，又将如何进行教育呢？

据调查，目前青少年上过网和迷恋上网者约占80%。其中，80%以上是打游戏，16%是交友聊天，真正查询资料用于学习的为数极少。有13%及以上的男生很喜欢上网或迷恋上网，达到了严重影响学习的地步。由于网络游戏、色情和聊天充满刺激、惊险和浪漫，许多网迷一旦接触，便深陷其中而不能自拔。沉迷网吧的危害究竟在哪里，我们认为主要在以下几个方面：游戏者的身体健康受到极大的摧残；游戏者的心理受到极大的损害；网吧是滋生是非的场所，游戏者荒废学业，自毁前程。

二　班主任的教育与管理对策

针对网吧给青少年带来的种种危害，作为一班之主的班主任必须要针对其迷恋网吧的原因，采取相应的对策，以挽救那些濒临危险的孩子。

（一）班主任要教育学生自觉提高抵制诱惑的能力

班主任要充分利用班级这块教育阵地，多渠道、不失时机地对学生进行全面的教育，开展以"培养良好情操，远离网吧"为主题的班会，举办"网吧的危害"的图片展览；召开各种形式的讲座、辩论会、报告会；开展有益于学生身心健康的各种活动；让学生认识到上网的危害性，离开网吧的必要性，激发学生健康向上的兴趣，将学生的兴趣、爱好吸引到有益于学生身心健康的学习和活动中来。

（二）班主任要帮助学生调整好心态

作为班主任要善于了解学生的心理，洞察学生的内心世界，关心理解每个学生，善于做学生的思想工作。在班级里，开设"心情驿站"，班主任应运用心理教育方法和心理调控技巧，引导学生树立正确的世界观、人生观、价值观，勇于面对现实、面对困难。同时，应教给学生掌握一定的情绪调控技巧，即当产生委屈、难过、害怕、烦恼、苦闷等情绪时，要寻找适当的解决办法，比如找知心朋友、老师、家长倾诉，合理地宣泄；或转移消极情绪，到野外旅游登山，到花园散步，到操场跑跑步、打打球，去听听轻快的音乐，去看一场自己喜爱的电影、电视剧等，尽量将消极心态转化为积极因素。

（三）班主任要用爱心、耐心和诚心劝导学生

爱，是打开学生心扉的钥匙，是治疗学生心灵创伤的良药，特别是对于那些迷恋网吧的学生，尤为重要。班主任要与这些学生多沟通，以了解其心中所想，有的放矢地进行教育。班主任与学生沟通的方式是多样的：

第一，课堂上，班主任要把充满关爱、鼓励的目光，多投向那些对自身失去信心的学生，关注他们在课堂上的表现，经常提一些适宜这些学生知识水平的问题，让他们回答，并及时鼓励、表扬，以增强其自信心、亲近感，将其对网吧的兴趣逐渐转移到学习上来。

第二，在日常生活中，班主任要随机与学生沟通。在时间上随时，无论是上课前、上完课，考试前、考试后，学生情绪高还是情绪低时，都可以随时聊一聊；在场合上随地，可以是教室、操场、路上；在内容上随需，可谈学习、家庭、影视、个人情感、个人兴趣与爱好；在方式上随情，可以是一句玩笑、一个鼓励、一个微笑……总之，班主任要时时刻刻地关注他们、关爱他们，最终达到"亲其师，信其道"的教育目的。

第三，建立交心手册，为那些需要关爱但又不善于解释，有了困难又

不敢当面提出，合了想法、心事却难以启齿的学生，创造一个平等交流的平台，让他们敞开心扉向班主任说真话。班主任对学生在交心手册上所写的内容，一要冷静处理，不打击、不讽刺、不挖苦；二要及时给予指导；三要保守秘密。这样，让学生有一个诉说心中苦恼、发泄心中苦闷的场所。

（四）加强对青少年"性"知识教育

青少年正处于青春萌动期，正处于心理、行为向成熟发育的时期。家庭、学校、社会应对青少年进行性知识教育，特别是班主任，应开设"青春期教育"专题讲座，使青少年对性知识有充分的认识和了解，从而消除性神秘感，学生也就不会被网上色情所诱惑，可以减少其对网吧的迷恋，千万不能用"谈性色变"的情绪去影响青少年，在这方面"导"比"避"更具实效性。

总而言之，班主任在与这些特殊的孩子交谈时，态度一定要真诚，切记不要做作，特别是语速、语态或是肢体语言，甚至是一个眼神，都应让孩子感觉到你和他是平等的，是真正和他来交流的，而不是来训斥、敷衍他的，这样他才会向你敞开心扉。

（五）采用"榜样教育"和"自我教育"策略

不少班主任感觉到良好的班集体是一个巨大的教育力量，对学生的心理发展产生着不可忽视的功效。不少富有经验的班主任在维系良好集体风气的做法上，其共同之处就是重视榜样的力量作用。坚持把树立身边的先进典型作为班集体建设的切入点，让学生们学有榜样。通过树标兵、学先进，让学生认识到什么才是美和追求，从而净化他们的心灵，掌握与异性同学相处的分寸，不使异性友谊变为爱情。班主任要充分指导、调整学生的主观能动性，通过"内行""慎独""溯行"，自觉地接受积极的科学的恋爱现、交友观、道德观，克服其消极错误的思想行为。

第三节　班级安全教育管理

学生的安全问题是关系到个体生命、家庭幸福和社会发展的重大问题。近些年来，中小学生因缺乏安全保护意识所引发的伤害呈上升趋势，这是造成中小学生非正常死亡的主要原因，意外伤害成为威胁中小学生安全的头号杀手。有专家指出，通过安全教育，提高中小学生的自我保护能力，80%的意外伤害事故是可以避免的。因此，加强对中小学生的安全教育管理刻不容缓。

一　班级安全教育管理的意义

一般意义上，安全教育是指传授一系列维护生命安全与防范意外事故的知识和技能，以增进安全意识，提高自我保护意识和能力的教育活动。班级安全教育管理是班主任针对学生身心发展的特点，通过家庭、学校、社会等途径，采取学生易于接受的教育方式，对其进行衣、食、住、行以及身心各方面的教育和训练，使其增强安全意识，并能培养自救及他救的能力的活动。班级安全教育管理工作是学校安全教育管理工作的基础，是班级管理的重要组成部分。重视并积极开展班级安全教育活动，具有极其重大的意义。

（一）安全教育管理是学生生命成长与发展的需要

2006年全国中小学安全教育日的主题是"珍爱生命，安全第一"，它告诉人们：生命与安全同等重要。义务教育阶段的学生，由于年龄小，生理和心理上都不成熟，处于弱势状态，生命成长的每一步都面临着挑战。他们社会阅历浅、认识能力有限，缺乏判断能力，这使得他们在面对伤害和危险事件时往往不能及时做出正确反应，缺少随机应变的能力，导致生命安全受到威胁和伤害。安全事故已经成为14岁以下少年儿童的第一死因。据调查，农村中小学安全事故发生数、死亡人数和受伤人数都明显高于城市，农村中小学生的安全现状令人担忧。因此，对学生进行安全教育与管理，进行生命的意义与价值以及珍爱生命、保护生命安全的教育，是学生健康成长与发展的需要。

（二）安全教育管理是深化素质教育的需要

素质包括人的很多方面的内容，不管是生理的、心理的、道德的、文化的等都是素质的组成部分，当然这些素质里也包含人的安全素质。人的安全素质是在成长的过程中应具备的安全知识、安全技能以及安全意识的总称。对于心理和生理尚处于弱势的青少年来说，安全素质有助于其健康地成长。学校安全教育是素质教育的一个重要内容，然而，由于受到"应试教育"模式的影响，不少学校还是以升学为目的，安全教育没有引起足够的重视：

第一，安全教育往往让位于文化课。学校迫于升学压力，全部工作都是以追求升学率为中心。这种认识上的错位使得学校在上课的时间安排以及人力、物力、财力的投入上都偏向文化课。

第二，安全教育走过场，流于形式。在不少学校，只有在诸如安全教育日，或者某某地发生了安全事故时，才匆忙上阵搞一些所谓的安全教育。即使是在这些特定时间进行安全教育，很多也只是为应付上级部门的检查，搞形式主义。

第三，重管理轻教育。部分学校把硬件安全放在安全工作的首位，安全教育仅仅被理解为安全管理。每当发生事故之后，一些学校总是找管理上的漏洞，比如，教师管理学生的责任分工是否明确，值日值勤制度是否落实，关键部门、重要环节有无专人负责等，其实在事故发生的背后是安全教育的长期缺席，是素质教育缺失的表现。

素质教育的目的强调的是学生的全面发展，要求知识和能力的并重。即学生能够将所学到的知识充分运用到现实生活中。而学生的安全教育的目的强调的是通过对学生进行安全教育能够提高他们自我管理和防范危险的意识，这也是与素质教育的核心一致的，也可以说安全教育是素质教育的部分，是素质教育的重中之重。因此，加强安全教育是深化素质教育的需要。

（三）安全教育管理是家庭幸福与社会和谐发展的需要

学生安全关系到每一位学生的家庭幸福。当今社会，独生子女家庭居多，孩子成了家庭中父母和长辈的唯一寄托。对广大的家长来说，从孩子呱呱坠地到长大成人无不倾注着父母的心血。可以说家庭中的一切活动都是以孩子为中心进行的。一旦孩子发生意外事件，导致其身体残疾，生活不能自理，将会给整个家庭生活蒙上阴影。不仅影响家庭正常的生活秩序，还会给其父母带来经济上、生活上的压力。并且孩子还要承受来自精神和身体上的双重压力。因此，孩子安全健康地成长是家庭和谐的重要因素。与此同时，当今社会又是一个飞速发展的多元化的社会。随着人们生活水平的不断提高，电脑已经成为城市及条件好的农村家庭不可缺少的重要的信息来源，网吧的出现也给学生接触网络带来了方便。但是网络在给学生获取知识、开阔视野带来方便的同时，也带来很多消极的影响，网络安全问题必须引起家长和老师的高度警惕。要教育学生文明上网，自觉抵制网络的消极影响，使自己获得全面而和谐的发展，进而推进社会的和谐发展。

二 班主任在班级安全教育管理中的责任[①]

1. 安全教育责任

班主任除了对班级学生进行思想教育和基础文化科学知识教育外，还要对学生进行安全意识教育和自护自救教育，让学生掌握一些基本的安全防范、安全自护和安全自救知识。如对学生进行交通安全、消防安全、人身安全、财物安全、饮食卫生安全等教育。班主任不仅自己要牢固树立安全责任重如山、生命责任大如天的意识，还要努力使学生树立安全第一的观念。

2. 安全告知责任

班主任的告知可分为四个方面：一是把学校或班级进行的各种活动中有关安全方面应注意的问题告知学生。如实践活动中的行走、乘车、具体的操作注意事项；体育运动中某些项目的危险性，练习设备、器材的安全性能等内容都应在活动之前告知学生。二是把校园及其周边的设施包括环境中可能存在的安全隐患告知学生。如校园内外维修改造，施工场所或临时搭建的设施，校园内外处所、场地、水电设备可能存在的安全隐患等都应及时告知学生。三是把学生的有关情况对家长告知。如学生生病、学生请假离校或缺课、学生间发生纠纷或矛盾、学生的不良习气以及学生发生伤害或意外事故等，都要及时与家长联系、沟通。四是把发现的班级内部、校园内部及校园周边存在的安全隐患以及安全事故向学校领导告知。班主任履行告知义务，可积极有效地预防安全事故的发生。

3. 安全告诫责任

班主任在教育教学活动中负有对学生告诫的责任。加强对学生思想品德教育，增强学生的遵纪守法意识，规范学生的日常行为，保护学生的合法权益等是班级安全管理工作的重要内容。特别是对学生的危险行为或潜在的危险行为要及时地告诫、制止和纠正。

4. 安全防范责任

班主任要对班级活动以及教育教学过程中可能出现的安全问题进行防范。如对流行病、传染病的防范，对班级进行的各种活动以及学生之间的

---

① 中国教师行动网，http：//zhidao. eact. com. cn/question/f985e997ade585b3e99481e59bbd-7a62314700。

矛盾纠纷、校园欺侮，包括隐性伤害在内的预防等，要防微杜渐，而不要亡羊补牢。

5. 安全救护责任

学生一旦发生安全事故后，除要及时按制度规定上报，还要力所能及地进行自护自救，并采取得力措施防止事故的扩大。

三 班主任实施班级安全教育管理的措施

班级安全工作主要是加强学生的安全教育管理，需要认真研究、探索班级安全工作的方式方法，使班级安全教育管理的内容、方式能在学生接受安全教育管理过程中起到应有的育人效能作用。因此，班主任要做好以下工作：[①]

(一) 全面准确掌握班级情况

作为班主任，要抓好班级安全管理工作，就必须全面掌握班级各方面的情况，应做到：班级整体情况清楚明白，学生个体情况了解掌握，学生家庭情况有所了解，科任教师能成为自己真正的合作者。重点要注意以下几项工作：班委干部、小组长或安全员的工作责任心及能力情况；学生的住宿情况；特殊体质（癫痫、心脏病等）的学生的情况；学生家长的联系电话等。

(二) 教育内容要符合学生认知特征

人在不同的年龄阶段，其生理特征、心理特征、认知特征是明显不同的。按小学低年级、小学高年级、初中、高中四个学段学生的学习和生活的范围和特点的不同，2007 年 2 月 27 日，国务院办公厅发出通知，转发教育部制定的《中小学公共安全教育指导纲要》，分别设置教学内容，确定了公共安全教育的六个模块内容：一是预防和应对社会安全类事故或事件；二是预防和应对公共卫生事故；三是预防和应对意外伤害事故；四是预防和应对网络、信息安全事故；五是预防和应对自然灾害；六是预防和应对影响学生安全的其他事件。分别对小学 1—3 年级、4—6 年级、初中年级、高中年级提出了具体的教学目标。

国家按年龄段所做的中小学生安全教育内容的划分，应主要体现并落

---

① 利剑幻影：《藁城市第九中学班主任如何做好班级安全管理工作》，http://blog. sina. com. cn/s/blog_ 59cf4a980100cqke. html。

实到安全课堂教学中，需要设立安全课堂教学目标，让学生弄清楚为什么要在这方面注意预防和应对，并让学生弄清楚怎样在这方面预防和应对。日常安全教育在各个方面都需要提醒学生不能怎样去做，即"禁止教育"或应急教育措施。

（三）日常教育要经常挂在嘴边

中小学生易动好奇、可塑性大、自制力差，再加之社会环境复杂、家庭教育参差不齐等因素的影响，仅凭学校、班级的安全会议要求和学期内的几节安全课堂教学是绝对不能解决问题的，特别是安全风险大的课要做到课前严要求、过程严管理。

1. 活动性大的课堂教学

如上体育课、劳动课、科学课、实验课等活动性较大的课时，就要强调学生使用器械或工具时要规范，不要摔伤或烧伤自己或同伴；在楼道内不能跑，不能拿卫生工具或其他物品相互打闹，不乱动电源插孔，等等。这些事情，科任教师必须课前严格要求，在教学过程严管理，并注意了解特殊体质学生的健康状况。只有这样，才能引起学生足够的注意，才能把意外事故发生的可能性降到最低。

2. 克服传统的说教方法

日常的安全教育不仅要经常挂在嘴边多讲，更要创新日常教育方法，克服一味地讲大道理、一味地说教或一味地训斥的教育方式方法。可以把学生平时应该注意的事项编成学生喜闻乐见、易懂好记的歌谣；可以采取相关案例进行帮教；可以采取"问题思考""问题小讨论"等进行帮教。

（四）日常管理要认真落到实处

建立并完善班级常规管理制度，可以不单独制定班级安全管理制度，但班级的常规管理制度必须有有效的安全管理条文。隐患是校园安全的最大敌人，排除隐患、躲避危险是班级安全管理的重要工作。日常学生安全管理主要是落实好科任教师、学生共同参与的群防群治的人防管理措施。

1. 建立人防管理网络

班级管理工作最怕的是学生出事，班级安全工作一定是很琐碎的。如果只是班主任一人去管理班级，精神上一定是"提心吊胆"，行动上一定是"焦头烂额"，结果还可能"漏洞百出"。安全防范措施主要有"人防、物防、技防"，但班级安全管理最关键的是落实"人防"措施。班主任要积极、主动联系科任教师，并与科任教师多多交流经常违规违纪学生的情况，获取行为表现的反馈信息，并与科任教师共商教育管理办法。配备班级或小组安全管理学生干部（安全员或安全小警察），负责学生课外活动期间（含教职工政治学习、例会时间）的安全监督，做到定期或不定期了解情况，加强指导、督促、管理，形成班级安全人防管理网络。

2. 引导学生参与管理

学生是平安校园的直接受益者，也应该是平安班级建设的主要参与者。在加强学生安全管理干部培训的过程中，还要教育引导全班同学具备"我是安全卫士""关注安全就是关爱生命"等观念，要求他们自觉规范自保行为和互保行为。还要有意识地培养学生发现隐患的能力，及时发现并制止或报告有危险行为的同学，加大课内、课外的安全互控力度，较好地消除学生之间人为的安全事故。

3. 加强日常管理评估

任何事物，静止就会失去活力。为了激励学生干部及全体同学充分发挥安全自护、互控的作用，可以定期开展评选"安全卫士""安全星""安全先进小组"活动，给优秀者表彰鼓励。

只有建好班级安全"人防"管理网络，不出现空档，班主任才能及时掌握班上安全工作的最新动态，才能保证班上的日常安全管理工作落到实处。

（五）教育活动要经常扎实开展

人与人之间安全意识和防范能力的差异，主要取决于受安全教育的程度、所掌握的安全知识的多少。无知的冒险，无常识的松懈、倦怠，都将导致安全事故的发生。只有提高了学生的安全意识和防范技能，才能使学生主动远离危险，当受到伤害时能够用适当的方法保护自己。

1. 传授安全知识，训练排查隐患

班主任要主动向学生介绍安全知识，如在不同的情景下怎样保证人身安全和财产安全等，使学生做到心中有数；给学生讲有关学生安全方面的法律、法规和学校为此所制定的规章制度，让学生以"法"保护自己；还要处处留心，有一双"慧眼"，把在报纸、电视、广播中看到的或听到的，以及在学生、老师身边发生的事情，挖掘、提炼出来讲给学生，用事例教育学生。隐患不常查，事故迟早生。在日常教育教学工作中的每一个环节，都必须认真对待，否则都有可能孕育着隐患。班主任要有意识地组织带领学生到操场、宿舍、教室、餐厅，或者带学生到广场、公路、水库等场所排查安全隐患，查找不安全行为，并指出不安全公共场所下的安全规范，让学生明白应该怎么做才安全，怎么做不安全。要想把事故消灭在萌芽状态，则应从"善小"做起，"勿以'善小'而不为"。

2. 贴近学生生活，开展安全活动

班上可根据学生普遍存在的思想、行为问题或季节性的安全管理需要，组织召开"安全教育"主题班会；举办安全法制手抄报展；撰写安全生活小文章；举办由学生开展的安全知识专题讲座或安全知识竞赛活动；开展避险逃生模拟演练活动，让学生掌握诸如触电、骨折、溺水、烫伤、煤气中毒、车祸、泥石流、迷路、地震、火灾、洪水、疾病、被疯狗咬伤时的应对、处理办法，增强学生们自救和救人的能力。

3. 开展禁忌教育，制止违规行为

例如：

（1）禁止学生进入舞厅、录像厅、电子游戏厅以及营业性网吧等不适宜中小学生活动的场所。

（2）禁止学生打牌赌博、盗窃勒索或抢夺他人财物。

（3）禁止学生参与或组织非法团伙，聚众斗殴，寻衅滋事。

（4）禁止学生谈情说爱或充当介绍人。

（5）禁止学生私自外出游泳或参与一些危及人身安全的活动。

（6）禁止学生未经班主任批准私自外出或出走。

此外，对学生还要进行"四禁四不"教育，即禁止学生攀高弄险、翻越围墙；禁止学生收藏或携带管制刀、棒等器具；禁止学生在走道、楼梯追逐打闹；禁止学生在教室、寝室乱拉电线，使用电炉、"热得快"等电器。不买"三无"食品；不闯交通要道、攀爬运行车辆；不使用易燃易爆等危险物品；不在非活动区域进行各种球类活动。

4. 重视住宿管理，堵住管理漏洞

我们不能认为住校学生午睡、晚睡时段的管理是学校的事和值周老师的事。自控力差、行为习惯差的学生往往要在这个时段做出违规违纪的事，长时间将形成习惯性违规，久而久之，就会惹祸。因此有必要做好以下三个方面的工作：一是弄清住校学生家庭住址和联系方式，收存住校生申请书、家长保证书。二是要督促学生按时归寝，关好门、窗，不私自投宿他处，不私自留宿他人。三是要坚持做到早晚自习到班，就寝抽查，及时了解课堂以及午休晚上就寝缺席学生去向，及时消除安全隐患。

5. 重视心态教育，培养健康心理

一个人情绪有涨落很正常，但作为教育工作者，不宜向学生发泄社会上、校园内的消极的东西，尤其是班主任必须要具备一种健康、积极的心态，教育、引导学生正确对待所处的环境，正确处理身边的人和事，鼓励学生积极、健康、向上。只有心理健康的老师，才能教育出心理健康的学生。加强安全心态教育培训，成为建设"以人为本"安全文化的重要标志。培养起学生安全意识是一个微妙而缓慢的心理过程，需要我们做艰苦细致的思想教育工作，这样才能使学生建立起自保、互爱、互助、互救的平安和谐的班集体意识，形成人人重视安全、个个为安全操心的良好舆论氛围，才能减少安全事故发生的概率，实现班级安全与教学质量的协调健康发展。

6. 加强法制教育，增强法制观念

现在的中小学生学习压力大、考试竞争激烈、家长望子成龙、社会变化快……中学生所面临的压力一点儿不比成人小，而他们的世界观、心理尚未成熟，容易走极端，特别是眼下不少所谓"好孩子"犯罪现象增多，未成年人犯罪案件呈逐年上升趋势，犯罪年龄也向低龄化发展。个别学生因为寻找"刺激"，或是看别人"不顺眼"，从而导致打架斗殴甚至杀人的恶性事件，一个主要原因是法制教育的缺位，导致他们的法制观念淡薄，内心缺少对法律的必要敬畏。从目前的教育模式看，一个重要的特征是，突出道德教育，忽视法制教育，在中、小学阶段尤为明显。法律是一门实践性非常强的课程，对中学生的法制教育主要是提高他们的法律意识，要多采用讲座的方式，结合具体案例，对法律理论和法律条文进行阐述。这样的上课方式，学生没有压力，容易理解，印象较深，也更符合法律学习的规律。通过案例分析，让学生自己讨论、分析、思考，寻找答案，可以加深他们对法律条文的理解，提高运用法律知识的能力，同时也容易提高学生的学习兴趣。特别要注意了解、掌握学生之间的矛盾冲突，并认真研究解决冲突的途径和有效方法。

7. 重视网络教育，引导健康上网

网络本是双刃剑。网络改变了人类的生活模式，极大地刺激了社会的发展。网吧是伴随着网络的发展而迅速发展起来的，精彩的网络世界不可阻挡地走进了人们的生活，青少年更是求知、求新、求奇心切，迫切希望了解五彩缤纷的网上世界，这不可避免地影响到青少年的成长发展。正确利用网吧、互联网会对进入其中的青少年的成长、发展产生积极影响，极大地提高青少年的学习效率，拓展视野，增强想象力和创造力；但是互联网并不只是一个纯洁、健康的虚拟天地，它所传输的信息、一些网络主体的不良行为也会对青少年一代产生负面的影响，一不当心它同样会毫不留情地葬送青少年的前途。迷恋网吧的学生需要增强交往，弥补个性缺陷，提高情商。

（六）突发事件要及时妥当处置

学生一旦出了安全事故，决不能心慌，而应该按照有关规定，及时把学生送到最近的医院，第一时间通知其家长，并及时向学校领导汇报，妥善解决已经发生的安全问题。

1. 妥当安排重病学生

学生在校期间突发疾病要及时送往当地医院就医，不得安排学生回家。尤其要正确区分学生的感冒病和流感病，不能盲目乱下结论，并如实做好流感病患者的情况调查和人数上报。对患有癫痫病、心脏病等特殊疾病的学生要多关心，告知相关科任教师和学生干部，不让他们参与禁忌的教学活动，并与其家长签订安全协议。

2. 妥当处置伤害事故

学生在校期间发生的伤害事故，不管是自伤，还是他伤、互伤的伤害事故，要及时送受伤学生到最近的医院医治，并根据伤的轻重决定是否通知其家长。如一位即将参加中考的学生，晚自习课间休息时，他因和同学闹情绪，独自一人用力在政教处南侧的窗户玻璃上打了一拳，致使右手虎口处多处受伤，该班班主任发现后及时拨打"120"，医生及时抢救。该生的班主任对其处置及时、妥当，学校未承担事故的主要责任。某班学生晚间夜不归宿，班主任及时发现并告知学校，学校想尽一切办法予以查找。班主任在第一时间通知其家长，学校未承担事故的主要责任。

（七）安全事故要进行深刻反思

教育已成为高危行业之一，事故无所不在。无论是对案例，还是对了解到、看到的各种安全事故，要注重事故的因果关系分析，多问：是谁在否决安全？

1. 学校教育管理有无责任

法律规定学校应该承担对学生的"教育、管理、保护"职责，而不是承担监护人的职责。学生发生安全事故必须从学校教育管理的角度认真反思，查找原因，在工作中做到引以为戒。在学校安全教育管理工作中要从小事做起，才不会因小失大。行小事，这是防微杜渐、消灭事故隐患的起点。只有从"小事"抓起，脚踏实地，不随意，不懈怠，一步一个脚印，才能防患于未然，走出事故的阴影。例如2007年6月的一天晚上，无锡市一所学校寄宿生小蒯在睡梦中不慎从宿舍双层床的上铺跌下受伤，送至医院后诊断为脾脏破裂，后经鉴定，构成八级伤残。小蒯以学校未对宿舍尽到安全管理义务等为由将学校告上法庭。被无锡市滨湖区法院判令学校承担全部赔偿责任，共计10万余元。2006年11月18日晚发生在江西的踩踏事件，事故的主要原因是学生下晚自习时学校管理出现了空档，学校的应急救援措施不力，事故发生时的现场指挥不及时，未能合理有序地疏散学生，造成了严重的踩踏事故发生。

2. 学生或监护人有无责任

青少年学生对身边的安全隐患的无知或安全知识的缺乏，习惯性违规成为影响校园安全问题的一大症结（习惯性违规即当一种错误的行为被时间慢慢积淀，继而转化为一种习惯性的思维甚至被误以为正确的理念时，隐患就形成了）。任何一个不假思索的习惯性违规行为，都可能引发事故。对学生的习惯性违规行为要采取多种措施予以纠正。未成年人应承担的责任由学生的法定监护人承担。如课间休息，学生发生的自我伤害事故其主要责任由学生或监护人承担。

3. 社会公共安全事故的相关责任

例如学生被狗咬伤后，患了狂犬病死亡的安全事故。其主要责任是犬主。若找不到犬主，其相关责任人有政府、医院、家长等。

安全是一种挑战。每一次校园安全事故都会促使我们反省自身行为，总结教训，研究对策，创新管理方法，预防同类事故重复发生。也许事故永远不会杜绝，于是挑战永远存在，学校的安全教育管理永远不会停止。

（八）教育方法要积极学习借鉴

对学生的安全教育管理肯定有普遍的教育管理方法，但也有个性化的教育方式方法。我国2008年的"5·12"汶川地震中，四川安县桑枣中学师生无一伤亡，该校校长被网友称为"史上最牛校长"，地震时1分36秒疏散2200余名师生，2200余名师生得以保住生命，这些都是与他们每学期的疏散逃生演练和平时的安全教育密不可分的。

学校安全无小事，班级安全是关键。班级安全是一个系统工程，要靠班主任树立"安全责任重于泰山"的意识，把安全教育理念根植于育人理念中，把安全教育渗透到各个教育教学环节和日常活动中；还要靠班级每一位成员较高的安全素质，形成班级"人人重视安全，时时讲安全，事事注意安全"的局面，确保学生在平安、稳定、和谐的环境中健康成长。

第九章　班主任与班级管理

2009年8月教育部颁发了新的《中小学班主任工作规定》，总则第二条指出："班主任是中小学日常思想道德教育和学生管理工作的主要实施者，是中小学生健康成长的引领者，班主任要努力成为中小学生的人生导师。"① 众所周知，班主任是学校任命、委派，全面负责一个教学班学生的思想、学习、健康和生活等方面的教师，他的主要职责是组织、教育、引导学生，并与学生一起管理好班级，促进全体学生的全面发展。

班级管理不是班主任一个人的事情，但相对于科任教师而言，班主任对班级具有更为重要的作用，是班级教育管理的核心力量。为此，班主任在班级教育管理中，对自己所扮演的角色及承担的责任应该有明确的认识。

第一节　班主任的角色与职责

在班级管理中，班主任扮演着特定的社会角色。对班主任而言，不断强化自己的角色意识，可以加深自己对班主任工作的地位、职责和价值的认识，能更具体地了解自己承担了哪些任务，进而明确该以何种方式行事，该如何去影响全体学生。根据张人杰、周燕所编著的《中小学教育与教师》的观点，班主任应承担以下角色和职责：②

一　班主任是学生全面发展教育的实施者

班级是学校的基层组织，学校对学生的教育管理主要是通过班级来实施的，班主任必须对班级学生全面负责。

---

① 教育部印发：《中小学班主任工作规定》，教基一〔2009〕12号。
② 张人杰、周燕：《中小学教育与教师》，广东人民出版社2003年版，第364—370页。

（一）班主任是学生学习上的导师

学习是学生的重要任务，学习活动是学生的基本活动，班级是学生进行学习活动的重要环境，班级对学生学习任务的完成和学习质量的提高具有重要的保证作用。班主任一方面要为学生学习活动的开展创造良好的环境，另一方面要对学生的学习进行有效的指导。简单地说，即要成为学生学习上的导师。对学生进行学习指导，主要是要引导学生正确认识自己，了解自己在学习上的优势和不足，确立切合实际的学习目标，掌握适合自己的学习方法。同时，要注意帮助学生解决学习上碰到的困难，激发学生的求知欲望，激励学生的学习热情，培养学生正确的学习动机，使学生形成学习上的良性循环，真正学会学习。

（二）班主任是学生活动和交往的指导者

活动和交往是学生发展的基础，也是班级进行教育和管理的基本途径。学生素质的发展是在活动和交往中实现的，因此，班主任要善于通过班级各种活动的开展及对学生交往的指导，寓教育于活动中，寓教育于交往中，在活动和交往中发展学生各方面的能力，培养学生良好的交往品质，使学生在活动和交往中学会关心他人、关心集体，学会与他人友好合作，共同进步。指导学生的活动和交往主要是，一方面，培养学生的参与意识，使学生乐于参与班级的活动，乐于与人交往。同时，注意提供参与活动的机会，使学生在活动中体验快乐。另一方面，注意让学生掌握活动与交往的规则，养成良好的交往品质。

（三）班主任是学生的心理保健者

随着现代社会的发展，各种竞争日益激烈，对人的心理品质提出了更高的要求。健康的心理和良好的个性心理品质是学生全面发展的一个重要表现，班主任对此必须充分重视，并且扮演好心理保健者的角色。班主任要密切关注学生各方面的行为表现，及时发现学生不良的心理倾向和异常的行为，正确区分学生的品德问题与心理问题的界限，及时疏导学生的不良心理，矫正学生的不良行为，使学生形成正确的行为习惯。班主任还要注意采取预防措施，加强心理辅导，减少和避免学生心理问题的产生，使学生成为具有健全人格的人。如通过开展心理知识讲座、心理活动的游戏等，使学生正确认识自己的心理特点，学会调节自己的心理，形成健全的人格。

二　班主任是班级活动的管理者

班主任主要是通过组织学生开展各种班级活动，在活动中教育和管理班级，促使班级发展成为良好的集体，使学生在活动中成为全面发展的人，这是一个复杂而又艰难的过程，需要班主任付出艰苦的努力。

（一）班主任是班级活动的策划者和组织者

班级活动的开展需要班主任进行整体的设计和精心的策划组织。班主任必须根据国家教育方针及学校培养目标的要求，结合学生的具体实际，对班级及学生的发展进行总体的设计，制定出班级的发展目标。并且要善于将班级目标进行合理的分解，围绕具体目标设计出相应的活动，寓教育于活动中，使学生在活动中受到潜移默化的影响，逐渐形成教育者期望的品质。同时，要引导学生认同班级目标，明确自己在实现目标过程中所承担的责任，主动参与班级活动，自觉为实现班级目标而努力奋斗。

（二）班主任是班级活动的指导者

班主任要善于指导学生开展各种班级活动，并且为学生更好地开展活动创造有利的条件，指导学生开展活动可以从三方面着手：一是指导学生制定具体的活动实施步骤及其要求，明确努力的方向；二是指导学生做好活动开展的各项准备工作，确保活动的有序进行；三是注意营造有利于活动开展的舆论环境和人际交往心理环境，使班级活动能够在比较轻松、和谐的班级环境中开展，优化班级活动的效果，为学生的健康成长创造良好的环境。

三　班主任是班级各种教育力量的协调者

班级的发展和学生的成长是各方面教育力量共同作用的结果，也是班主任协调各方面力量的结果。

（一）协调各科任教师与班级学生的关系

对班级的发展产生影响的力量，首先是以班主任为核心的各科任教师所发挥的作用。他们直接参与班级的教育管理，影响着班级的发展，班主任在这部分教育力量中起主导作用。为了使班级教育效果得到优化，班主任必须定期组织科任教师进行教育会诊，帮助科任教师认识班级和学生，分析班级学生的知识程度、学习能力及学习习惯等具体实际，寻找适合学生实际的教学方法，使教学从根本上发挥育人的作用，全面提高学生的素质。与此同时，班主任还必须帮助学生了解各科学习的特点，掌握正确的学习方法，提高学习效率，并且注意沟通科任教师和学生的关系，增进师生的感情，促使教学任务的完成和教学效果的优化。

（二）协调家庭、学校、社会等各方面教育力量与班级学生的关系

学校、家庭和社会等各种教育力量对学生班级也产生重要的影响；班主任必须善于利用各方面的教育力量来促进班级学生的发展。一方面要注意建立起学校、家庭和社会联系的渠道，保证信息反馈渠道的畅通，便于及时了解学生在不同时空的表现情况，进行有针对性的教育管理。另一方面要注意发挥家庭教育和社会教育的积极作用，形成家庭、社会和学校的教育合力网络，整合一致地发挥对学生班级的影响作用。通过家访、家长会、家校联系手册等形式，密切各方面的联系，为学生的成长营造一个良好的环境。

第二节　班主任的基本素质

班主任的素质是指班主任胜任本职工作所必须具备的品德、知识、能力、个性心理等方面的基本条件。班主任工作纷繁复杂，面对的是整个班级方方面面的工作，班主任素质的高低，在很大程度上决定着一个班的精神风貌和发展趋势。作为一个班级的主要教育者，班主任是全面关心学生发展的主要教师和精神关怀者，他个人的素质对学生成长起着直接和间接的影响，他的人格、抱负水平、价值观念、情感特点、作风习惯等深刻影响着每个学生，对学生道德素质养成方面有重要影响，对学生智力发展水平、身体及心理素质的提高也有强烈的、直接的引导、示范和促进作用。所有这些都要求班主任具有相应的素质。新《中小学班主任工作规定》的第二章第七条规定：

"选聘班主任应当在教师任职条件的基础上突出考查以下条件：

（一）作风正派，心理健康，为人师表；
（二）热爱学生，善于与学生、学生家长及其他任课教师沟通；

（三）爱岗敬业，具有较强的教育引导和组织管理能力。"[1]

这几方面实际反映了班主任最基本的素质要求。具体说，班主任应该具有以下基本素质。

一　思想道德素质

思想品德素质是政治、思想、道德素质的简称，是指一个人的政治倾向、思想信仰、价值观念、行为准则及规范等方面的素养情况，它是一个人成长发展的灵魂和精神支柱，对人的思想和行为起到了导向和支配作用。在班主任的素质体系中，思想道德素质无疑是最重要的，这是由学校教育的性质和目的决定的。

（一）正确的政治立场和思想观点

班主任是学生全面发展的引路人，必须把握住培养人的政治方向，这是为社会主义培养建设者和接班人的前提；班主任是学生思想的导师，必须具有鲜明正确的思想观点，才能培养学生科学的世界观和正确的人生观、价值观；班主任是学生的道德表率，在品行、学问上给学生做出榜样才能培养学生良好品德。因为班主任在自己的教育及教学活动中所体现的政治倾向、思想观点、道德风貌，直接影响学生的政治立场、世界观和道德品质的形成和变化。因此，具备坚定正确的政治立场和思想观点是班主任做好学生的思想品德教育工作和各项教育管理工作的需要，也是班主任作为人类灵魂工程师所必备的基本素质。

（二）坚定的教育信念和爱生情感

教育是一种基于信念的行为。教育信念在教师素质结构中处于较高层次，是人们"对一定教育事业、教育理论及基本教育主张、原则的确认和信奉"[2]。教师如果没有坚定的教育信念，教育工作就会失去深厚的动力。班主任坚定的教育信念，是班主任行动的指南和力量的源泉，直接影响其教育教学效果。它贯穿于教育教学行为的始终，集中表现为高度的责任感和强烈的事业心，通过其教育态度和教育行为表现出来。班主任在工

---

① 教育部印发：《中小学班主任工作规定》，教基一〔2009〕12 号。
② 教育大辞典编纂委员会：《教育大辞典（增订合编本）》，上海教育出版社1998年版，第785页。

作之中有坚定的教育信念，就是要确信教育的力量，确信每个学生都有优点和才干，都可以教育好。确信教育学生是一个长期的、复杂的过程，对于有某些缺点和错误的学生，坚信只要对他做深入细致的转化工作，就能把他教育好。在教育过程中，不因学生学习的暂时退步和不良行为的反复而失去信心，能不畏困难曲折，顽强而耐心地教育帮助学生。没有爱就没有教育，热爱学生是班主任工作的一种重要教育手段和教育力量，是班主任热爱教育事业的具体表现，也是教育和管理好学生的前提。班主任只有用自己的爱才能赢得学生的爱，使学生乐于接近班主任，进而愿意接受班主任的教育。这就要求班主任要全面了解、研究学生；尊重、信任并严格要求学生。

（三）为人师表的品德与团结协作精神

为人师表是师德规范的重要内容，也是教育好学生的重要基础和前提。孔子说："其身正，不令而行；其身不正，虽令不从。"陶行知也指出"教育工作者的全部工作就是为人师表"。因此，为人师表已成为科任教师、班主任最起码的、最重要的道德要求。在班级工作中，班主任是领导者、组织者、教育者和领路人，他总是经常、直接地面对学生，他的一举一动都会对学生有潜移默化的作用，都会在学生心目中留下深刻的印记。因此，班主任要注意提高自身修养，努力通过自身的言行举止、为人处世给学生以示范，做学生的榜样。班主任工作具有个体性、独立性，也具有集体性、协作性，其工作成效的取得有赖于集体的协作努力。因此，班主任要善于处理好与其他科任教师、学校各部门及社会有关人员的关系，做到互相尊重、互相支持、民主协商、团结合作，形成教育合力，共同一致性地教育和影响学生。

二　知识能力素质

一位称职的班主任必须具备合理的知识结构，包括精通自己所教学科的专业基础知识，学习和掌握教育学、心理学、班级管理学等有关的班主任专业知识，以及广博的相关学科知识，同时还需要具备班主任的专业能力素质，才能有效地开展工作。

（一）精深的专业知识

班主任要掌握的专业知识，包括所教学科的知识和班主任工作的专业知识。

班主任都是学科教师担任的，所以他首先应该是一名合格的教师，首先必须具备作为一名合格教师的基本素质，对自己所教学科的基础知识达到精通和专门化程度。包括了解学科发展的基本历史，熟悉本学科的发展趋向和最新研究成果，了解每一部分的知识在学科结构中的地位、意义及其作用，轻松而自如地把握每节课的重点、难点及知识联结点，有目的地使学生形成本学科的知识结构并使知识系统化。

班主任工作是一项复杂艰巨的工作，也是一项科学的工作。班主任要富有成效地教育学生，除了应精通所教学科的专业知识之外，还必须具备班主任岗位的专业知识。一是必须熟悉、掌握有关教育学、心理学、管理学的知识，只有很好地掌握这些知识，才能深入了解、研究学生，根据教育学和心理学规律科学地指导学生的思想、学习和生活，并使各项管理措施符合学生身心发展的规律和特点。同时用科学的态度和方法来研究班级工作，从中找出带有普遍性的规律，把班级工作做好。二是必须掌握班主任工作的专门性的系统知识。班主任工作也是一项专业性很强的工作，有特定的工作性质、任务和工作特点，有专门性的领导机构和培训机构，有专门人员从事这方面的理论研究，有自己的专门性的刊物，如《班主任》《班主任之友》和《辅导员》等杂志，可以说它是一项专业性很强的工作。经过新中国成立以来的实践与理论探究，班主任工作已经形成了自身的系统知识和理论体系，作为班主任，必须掌握这些知识。包括班级管理理念、班级管理内容、班级管理的策略，等等。

（二）广博的文化知识

当代社会，知识的增长速度越来越快，青少年学生受到的多元化文化的影响也越来越突出。这就要求班主任不仅要有精深的专业知识，还要饱学有识，拓展自己的知识视野，上知天文，下知地理，社会科学、自然科学、古今中外的知识都要懂一些，使自己的知识成为"金字塔"结构，有广博的知识基础，又有精深的专业知识，以满足学生日益增长的求知欲，真正成为学生的良师益友。同时需要班主任努力提高自己的现代化知识素养，使自己的思想和行为跟上时代的要求，不陈旧、不落伍，能够处理好各种复杂情况。另外，学生主体的素质发展要求班主任有广博的知识视野和兴趣爱好。现在，我国正在全面推进素质教育，并且把素质教育纳入终身教育体系。各个教育阶段都要领会素质教育的理念、思想和要求，扎扎实实地搞好素质教育，使学生在德、智、体、美、劳各方面都得到充分发展。这就要求班主任不仅要拓展自己的知识面，还要具有广泛的兴趣和才能，如对音乐、体育、书法、绘画等都有一手，这样才能适应学生的多方面需要，指导他们开展各种活动；才能与他们有共同语言，有情感的交流；才能增强教育的吸引力和感染力。

（三）较强的专业能力

做任何工作，都要具备相应的能力。班主任的专业能力是班主任专业素质的关键。班主任工作的性质和特点，要求其应具备多方面的能力。从专业能力方面来看，班主任不同于科任教师的是要对班集体进行建设与管理，要组织开展丰富多彩的班集体活动，因此，其组织管理方面的能力相对要强。在这里，我们主要谈谈班主任作为班级管理者应具备的专业能力。

1. 计划与组织能力

如前所述，班级管理工作就是正确地计划、实施、检查、总结四个环节的有机结合，有序运行和管理周期的循环运转，并在螺旋上升中不断前进、不断提高。这就决定了制订班级管理计划是班级管理的起始环节，是开展班级工作的行动指南。计划能力是班主任首要的班级管理能力，它是指选择和确定班级目标以及制定目标的能力。一个合格的班主任首先需要有计划能力，要能依据学校发展计划和本班实际对自己所负责的班级做出整体计划，提出发展要求，制定出班级发展目标和具体的班级管理方案。同时班主任要具备一定的组织实施能力，也就是组织人力、财力和物力等资源有效地实现既定班级目标的能力。班主任要善于组织班级成员紧张而有秩序地参与各项活动，让每个学生都知道自己该干什么，怎样去干，以及如何协调学生相互间的合作关系。此外还要知人善任，根据学生的不同特点安排不同的工作，充分发挥每个人的特长，实现优势互补，从而更有效地实现班级管理目标。

2. 沟通与协调能力

班级是一个特殊而复杂的组织，不论是班级内部还是班级之间，都可能出现一些矛盾，轻则影响班级气氛，重则妨碍活动的顺利开展。班级管理如果没有良好的沟通与协调，必然产生许多矛盾和阻力，影响工作的顺利进行，影响目标的圆满实现。因此在班级管理中，班主任要善于与科任教师、学生、家长、学校领导及社会有关人员沟通与联系，要有较强的交往、沟通和协调能力，使各方面获得真实准确的信息，只有这样，才能处理好各方面的关系，才能很好地协调科任教师、家长、社会等各种教育力量，进而把不同的力量凝聚到班级发展的方向上来，对学生进行协调一致的影响，进而实现教育的目标。

3. 决策与应变能力

决策与应变是体现班主任智慧的重要能力。在班级管理中，班主任常常需要做出各种决定。特别是对班级一些初发、渐发或偶发的问题或恶性事件必须果断地做出决定，采取有效措施制止其蔓延或制止在萌芽状态中。这需要班主任具有果断的决策能力及善于决策的能力，要在调查研究、充分听取学生和教师各种意见的基础上，经过对大量有用信息分析、综合、比较，在权衡利弊后做出决策。应变能力是班主任应当具备的一种教育能力，这种能力是班主任善于因势利导，随机应变处理各种意料之外的问题的能力。有了这种能力，教师就能在复杂多变的情境中，做出最合理的决定，采取最恰当的教育方式。这种能力也可称为"教育机智"。在现代社会环境影响下，学生的思想、观念有许多新变化，班级工作也会遇到许多新情况、新问题。班主任不能仅凭过去的经验办事，要根据变化了的情况改变教育方法和内容，机智灵活地处理过去所没有遇到过的新问题，这对新时期的班主任来说十分重要。

三　身体心理素质

（一）健康的体质

班级管理事务繁杂，班主任每天都要消耗大量的精力和体力，是一项十分辛苦的工作，因此班主任必须具有良好的身体素质，才能胜任此工作。强健的体魄既是顺利完成教育工作的保证，又是对青少年的一种教育示范。班主任应加强体育锻炼，增强体质，使自己具有健康的体魄和较强的疾病抵抗能力；具有充沛旺盛的精力和敏捷的反应力。同时，班主任要劳逸结合，合理用脑，保持身体的良好状态，以提高工作效率。

（二）良好的心理素质

具有良好的心理素质是能否做好班主任工作的前提条件。假如班主任情绪不稳定，工作缺乏热情，会使学生心灰意冷，无所适从，丧失上进的信心；班主任性格偏执，会滋长学生的逆反心理；班主任心理失衡，对学生缺乏爱心，也会使学生感情变得冷漠。可见，健康的心理素质对班主任来说必不可少。只有心理健康的班主任，才能为学生提供良好的成长环境与氛围，才能培养出心理健康的学生。因此，一个合格胜任的班主任，不仅要具备良好的思想道德素质、知识能力素质和身体素质，还必须具有诸如热情、合作、活泼、乐观、豁达、幽默等积极健康的心理品质。

第三节　班主任的自我发展

近些年来，班主任的专业发展受到了广泛关注，许多教育理论工作者对班主任的专业发展进行了大量的理论研究，提出了许多很好的促进班主任专业发展的建议。但这些建议大多是谈如何从学校组织层面进行培训，如何借助外部的力量提高班主任的专业水平。从教育理论上讲，班主任的专业发展是一种自我建构，包括具有自我发展的意识，制订自我发展规划，在实践中反思，制定班级课题研究等，离开这些方面，很难有班主任自身的专业发展。可以说，班主任的专业发展归根结底是班主任的自我发展。依据谌启标、王晞等人编写的《班级管理与班主任工作》的阐述，班主任必须采取多种途径和方式，致力于自身的专业发展。①

一　制订自我发展规划

自我发展规划不仅是对班主任自身发展的引领和督促，也是班主任专业化可持续发展的必要手段。好的发展规划，能准确地反映班主任的人生发展思路、期望和努力方向，也能反映出班主任在教育教学和科研等方面的成长轨迹。如果我们每一位班主任都能留下这些成长"轨迹"，那将是班主任专业化发展中不可多得的财富。

自我发展规划是对班主任专业发展的各个方面和各个阶段进行的设想和规划。具体包括：对职业目标与预期成就的设想，对各专业素养的具体目标的设计，对成长阶段的设计，以及所采取的措施等。事实证明，在专业发展上有所建树的班主任无不有着自己的成长规划。这些发展规划不但可以促使自己认真分析自我，促进反思，而且可以使自己有专业发展的紧迫感，还能促使自己不断寻找自己在班主任群体中的位置，不断激励自己。更重要的是，规划对班主任的发展起到了具体的指导和监控作用。读

---

① 谌启标、王晞等：《班级管理与班主任工作》，福建教育出版社2007年版，第292—302页。

什么书，参加什么样的活动，做什么研究，规划中都有设计，减少了行动的盲目性、随意性。

二　重视专业理论学习

"学习知识的过程永无止境，并可通过各种经历得到进一步的充实。从这个意义上说，随着工作性质和内容一成不变的情况日益减少，学习过程与工作经历的结合就越来越紧密。如果最初的教育提供了终身继续工作之中和之外学习的动力和基础，那么就可以认为这种教育是成功的。"[①]班主任的学习主要包括三个方面：[②]

第一，向书本学习。班主任要多读名家大师有关班主任工作的理论书籍。

第二，向实践学习。班主任工作最终要落实到实践中去，在实践中提高。魏书生说："我不会教书，是学生教会我教书；我不会改变后进学生，是后进学生帮我教会了我怎样教后进学生。"

第三，向同行学习。身边的优秀班主任都是学习的楷模，他们的言谈举止，处世待人的方式，都有值得我们学习的地方。

班主任应当为切实有效地帮助学生学业成长而学习专业。因此，"为学生而读书"是班主任阅读的第一个方向。班主任专业学习的第二个方向是"基于行动而读书"。与此同时，班主任的专业学习是"为教育者的尊严读书"。这将赋予班主任专业学习行为以崇高的理想主义色彩。

三　参与专业合作交流

有人认为，班主任的班级管理过程是个体的，其结果是集体的。这显然是错误的。班主任管理班级的整个过程都具有合作性。班级管理的游离是班级改进的敌人。班级发展需要班主任集体努力，如果一个班主任"单打独斗"，游离于集体之外，无论如何都不可能达到"优秀班级"的境界。班主任是一个"学习共同体"，这种隐喻强调班主任需要在合作中成长。班主任共同体，实质上分为两种："合作的共同体"和"自由的共

---

①　联合国教科文组织：《教育——财富蕴藏其中》，教育科学出版社 1999 年版，第 78 页。

②　袁进成：《班主任工作——职业事业专业的集合体》，《班主任之友》（中学版）2006 年第 9 期。

同体"。在"合作的共同体"中，班主任深信他们需要铸造共同的班级观；在"自由的共同体"中，班主任期望通过自己的意志构建个性化的班级。

班主任的合作交流，是促进班主任专业化建设的基本条件。比如班主任合作研讨"怎样上好一节主题班会课"，其程序是：

第一，由一位班主任根据班级和学生的实际情况拟出提纲。

第二，本年级或全校班主任参加集体备课。

第三，班主任集体听主题班会课。

第四，由开课班主任讲课，其他班主任集体评课。

这样，班主任参与到班会课的各个环节中去，畅所欲言，激发了学习的活力。又如开展案例分析，一个班主任精选出工作中最成功或最棘手的案例，在学习时先抛砖引玉，其他班主任则可以畅所欲言，形成争相发言的热烈场面，共享成功的喜悦。

四　进行教育实践反思

一个班主任成长的简要公式可以表示为："经验＋反思＝成长"，班主任专业发展是需要个体在实践反思中提升的，班主任专业化建设贵在学习、重在反思。班主任的实践反思包括：第一，目标反思；第二，观念反思；第三，角色反思；第四，言行反思；第五，方法反思。班主任要学会理性反思，通过各种方式对自己和学生的思想行为特点进行分析和总结，掌握其中带有普遍性、规律性的东西，不断提高自己的专业能力。

（一）班级管理叙事

班主任可以将班级管理中发生的某些学生生活事件叙述出来，使之成为一份有教育意义的"班级管理叙事"。如果班主任针对某个教育事件做一些追踪研究，那么，这种"班级管理叙事"会显得更有价值。通过讲述个人的故事和集体的故事，班主任会进一步明确班级管理信条和管理实践的联系，从而将叙事作为更新班主任专业实践的媒介。

（二）教育札记

写"教育札记"不仅可以培养班主任的反思习惯，而且可以帮助班主任积累经验，提升为理论。如果学校在班主任自己写札记的基础上，组织班主任进行"教育札记"交流与分享活动，效果就会更好，因为一位班主任的教育心得可以促进其他班主任的进步。

（三）教育档案袋

班主任可以建立属于自己的"教育档案袋"，其中包括班主任个人优秀教育活动计划、小结和札记、课题研究的论文、教育案例等，也包括学生的照片、家长的信件等。班主任要重视"教育档案袋"的作用，要经常有目的地研究档案袋里存放的档案，在总结过去教育的成绩与失败的过程中提高认识、转变观念，让它成为提升自我发展的工具。

五　从事班级课题研究

当前，教育科研越来越受到广大教育工作者尤其是班主任的重视。他们迫切希望通过科研来给自己"充电"，从而提高班级管理的能力。我们说，班级是实验室，班主任是研究者。从事班级课题研究是班主任专业成长的重要途径和方式。班主任课题研究的步骤，包括确定科研课题、搜集课题的资料、制订课题研究计划和进行课题研究活动等几个环节。做了上述工作之后，班主任应该撰写一份相对完整的课题研究报告，其构成主要包括：第一，课题提出的背景；第二，课题研究的目的和意义；第三，已有的研究成果；第四，课题研究的内容、目标；第五，课题研究的实施过程；第六，课题研究的主要结论。因此，班主任都应该从事课题研究，把一件件具体、典型的工作上升到理论的高度，反过来再指导实践。这样摆脱忙忙碌碌的低层次劳动，经验、能力和水平就会得到较快提高。

六　充分利用教育博客

"博客"（Blog）即"网络日志"（Web Log），博客是互联网上最新的一股发展潮流，它以沟通自由、技术门槛低等优势渐渐得到越来越多的人的喜欢，博客群体也日趋庞大。班主任博客研究作为一种新兴的研究形态，为班主任的专业发展提供了新方法，它具有其他传统研究载体所无法比拟的明显特点。班主任从事博客研究引发了班主任专业成长方式的变革。

班主任从事教育博客研究的魅力在于：教育博客是班主任用心灵书写的属于自己的网络日志的方式，班主任可以方便地将教育、管理、教学、研究、生活等方面的精神与物质的成果上传发表，形成班主任个人的资源积淀，成为班主任经历的好帮手。教育博客可以跨越时空，形成网上头脑风暴，成为支持班主任隐性知识显性化的重要途径，班主任教育智慧从这里不断生成，博客的教育功能在这里不断得到开发。

参考文献

1. 教育大辞典编委会：《教育大辞典》（第七卷），上海教育出版社1990年版。

2. 教育大辞典编纂委员会：《教育大辞典（增订合编本）》，上海教育出版社1998年版。

3. 联合国教科文组织：《教育——财富蕴藏其中》，教育科学出版社1999年版。

4. 胡守棻：《德育原理》，北京师范大学出版社1989年版。

5. 鲁洁：《教育社会学》，人民教育出版社1990年版。

6. 班华：《现代德育论》，安徽人民出版社2004年版。

7. 谢维和：《教育活动的社会学分析：一种教育社会学的研究》，教育科学出版社2007年版。

8. 全国十二所重点师范大学联合编写：《教育学基础》，教育科学出版社2002年版。

9. 马和民：《新编教育社会学》，华东师范大学出版社2010年版。

10. 张楚廷：《课程与教学哲学》，人民教育出版社2003年版。

11. 伍新春：《儿童发展与教育心理学》，高等教育出版社2004年版。

12. 宋书文、宋凤宁：《心理学原理与应用》，广西人民出版社1997年版。

13. 广通：《经典管理故事全集》，地震出版社2005年版。

14. 张人杰、周燕：《中小学教育与教师》，广东人民出版社2003年版。

15. 黄兆龙：《现代学校管理学新论》，中国经济出版社1994年版。

16. 檀传宝：《德育与班级管理》，高等教育出版社2007年版。

17. 白铭欣：《班级管理论》，天津教育出版社2000年版。

18. 钟启泉：《班级管理论》，上海教育出版社2001年版。

19. 曹长德：《当代班级管理引论》，中国科学技术大学出版社 2005 年版。

20. 黄正平：《班集体问题诊断与建设方略》，教育科学出版社 2007 年版。

21. 吴秋芬：《班级管理》，安徽大学出版社 2005 年版。

22. 林进材：《班级经营》，华东师范大学出版社 2006 年版。

23. 刘志选：《班级管理》，陕西人民出版社 2006 年版。

24. 李伟胜：《班级管理新探索：建设新型班级》，天津教育出版社 2006 年版。

25. 谌启标、王晞等：《班级管理与班主任工作》，福建教育出版社 2007 年版。

26. 田恒平：《中小学班级常规管理》，华东师范大学出版社 2008 年版。

27. 傅建民、胡志奎：《班级管理案例》，广东教育出版社 2009 年版。

28. 班华、陈家麟：《中学班主任实施素质教育指南》，南京师范大学出版社 2001 年版。

29. 班华、高谦民：《今天，我们怎样做班主任（小学卷)》，华东师范大学出版社 2006 年版。

30. 班华、高谦民：《今天，我们怎样做班主任（中学卷)》，华东师范大学出版社 2006 年版。

31. 班华：《21 世纪班主任文库·中学班主任实施素质教育指南（中学卷)》，南京师范大学出版社 1999 年版。

32. 丁榕：《班级管理科学与艺术——我的班主任情》，人民教育出版社 2004 年版。

33. 李学农、陈震主编：《21 世纪班主任文库·初中班主任》，南京师范大学出版社 1997 年版。

34. 周德藩：《中学语文教学优秀个案》，苏州大学出版社 1995 年版。

35. 陈震：《班主任工作新思维》，南京师范大学出版社 2000 年版。

36. 劳凯声：《班主任工作实用全书》，开明出版社 2000 年版。

37. 任小艾：《我的班主任工作》，光明日报出版社 1989 年版。

38. 魏书生：《班主任工作漫谈——献给青年班主任》，漓江出版社 1993 年版。

39. 魏书生：《班主任工作漫谈》，漓江出版社 2005 年版。

40. 魏书生：《魏书生班主任工作艺术》，河海大学出版社 2005 年版。

41. 张万祥：《班主任专业成长的途径：40 位优秀班主任的案例》，华东师范大学出版社 2008 年版。

42. 唐云增、王增龙、周再斌：《班主任专业化读本》，漓江出版社 2006 年版。

43. 张民杰：《班主任工作理论与实务》，华东师范大学出版社 2008 年版。

44. 陈爱苾：《春华秋实每一年：班主任的每一年》，教育科学出版社 2009 年版。

45. 王健、邓睿：《让班级成为师生的精神家园：班级建设的理论与实务》，学林出版社 2009 年版。

46. 李汉生：《面向 21 世纪班主任素质》，知识出版社 2000 年版。

47. 周晓静：《中学班主任》，南京师范大学出版社 2008 年版。

48. 易连云：《班主任工作》，重庆出版社 2006 年版。

49. 甘霖：《班主任工作技能训练》，华东师范大学出版社 1995 年版。

50. 王鹰、李鹰：《班主任工作技能训练》，人民教育出版社 2004 年版。

51. 吴小海、李桂芝：《班主任九项技能训练》，首都师范大学出版社 2007 年版。

52. 辜伟节：《中学班集体建设与活动》，南京师范大学出版社 1999 年版。

53. 齐学红：《精神家园共营造——班主任与每个班级》，教育科学出版社 2009 年版。

54. 华东师范大学教育学博士编写组：《教育学博士写给中学班主任的信》，江苏教育出版社 2006 年版。

55. ［苏联］马卡连柯：《论共产主义教育》，刘长松译，人民教育出版社 1962 年版。

56. ［日］片冈德雄：《班级社会学》，贺晓星译，北京教育出版社 1993 年版。

57. ［美］珍妮特·斯沃、［新西兰］戈登·德莱顿：《学习的革命》，顾瑞荣译，上海三联书店 1998 年版。

58. ［美］罗恩·克拉克：《优秀是教出来的：创造教育奇迹的 55 个细节》，汪颖译，电子工业出版社 2005 年版。

59. ［美］彼得·德鲁克：《管理使命、责任、实务（实务篇）》，王永贵译，机械工业出版社 2007 年版。

60. 谢维和：《班级：社会组织还是初级群体》，《教育研究》1998 年第 11 期。

61. 吴康宁：《教育社会学视野中的班级：事实分析与其价值选择》，《教育研究》1999 年第 7 期。

62. 朱广兵：《〈家校通讯〉连家校》，《班主任》2010 年第 9 期。

63. 教育部发布：《中小学生守则》。

64. 教育部发布：《小学生日常行为规范（修订）》。

65. 教育部发布：《中学生日常行为规范（修订）》，《班主任之友》（中学版）2004 年第 6 期。

66. 胡麟祥：《班集体的自我管理及指导》，《中国德育》2007 年第 9 期。

67. 刘宇辉：《目标管理在班级管理中的应用》，《职业技术》2009 年第 6 期。

68. 郑竞发：《目标激励在班级管理中的运用》，《科技信息》2007 年第 30 期。

69. 傅廷奎：《木桶理论对班级管理工作的启示》，《中小学教师培训》（小学版）1995 年第 6 期。

70. 陈鹏飞：《管理学有关理论对班级管理的启示和实践》，《福建教育学院学报》2007 年第 1 期。

71. 臧文良：《浅谈班级管理的激励机制》，《教学与管理》（小学版）2004 年第 10 期。

72. 徐倩、刘华：《班级管理中的一次偶然事件：卫生检查丢分以后》，《思想理论教育》2006 年第 6 期。

73. 刘彬：《浅析中小学班级管理中激励机制的运用》，《基础教育研究》2009 年第 1 期。

74. 张卫群：《论激励在班级管理中的运用》，《当代教育理论与实践》2010 年第 3 期。

75. 唐丽芳、孙佩锋：《班级管理中的激励艺术》，《中小学教师培训》2000 年第 12 期。

76. 秦明：《十二次微笑》，《青年文摘》（红版）2002 年第 12 期。

77. 陈珏：《班干部的"酸甜苦辣"》，《小学生作文辅导》（作文与阅读版）2006 年第 4 期。

78. 袁进成：《班主任工作——职业事业专业的集合体》，《班主任之友》（中学版）2006 年第 9 期。

79. 丁红：《班级文化，引领我们前行》，《班主任》2010 年第 5 期。

80. 宋宏雄、张庆录：《教室育人环境与班级文化建设刍议》，《河北师范大学学报》（教育科学版）2009 年第 4 期。

81. 徐丽：《墙壁上的"苹果林"》，《班主任》2010 年第 7 期。

82. 贺云飞：《茉莉花开满室香——让"班花"成为学生成长的推手》，《班主任》2011 年第 1 期。

83. 吴金兰：《班级公约》，《班主任》2010 年第 7 期。

84. 贺亮：《从班规看当前班级制度文化的发展与不足》，《教学与管理》2006 年第 7 期。

85. 曹锁庆：《班级公约"诊断书"》，《班主任之友》（中学版）2008 年第 2 期。

86. 郭姝启、徐兆强：《"表扬公告"显奇效》，《班主任》2010 年第 2 期。

87. 田恒平：《谈班级标识文化的建设》，《班主任》2009 年第 2 期。

88. 陈国平：《班级精神文化的构建》，《教育评论》2008 年第 1 期。

89. 陈咏梅：《爱心飞扬》，《班主任》2009 年第 9 期。

90. 周勇：《班级文化建设操作纪实》，《教学与管理》2005 年第 10 期。

91. 万玮：《提高学生学习成绩 10 招》，《班主任》2009 年第 4 期。

92. 刘民：《论考试的教育功能》，《教育科学》1988 年第 3 期。

93. 肖燃、乐国林：《高中新课改背景下考试组织管理探新》，《教育学术月刊》2009 年第 5 期。

94. 张新连：《关于考试管理的几点认识》，《教学与管理》2001 年第 1 期。

95. 黄光扬：《基础教育考试改革研究》，《教育研究》1999 年第 12 期。

96. 王后雄：《全球视域下教育考试及其功能述评》，《中国考试》（研究版）2008 年第 1 期。

97. 洪明：《少先队的组织属性及其变革——自组织—他组织框架下的再认识》，《教育理论与实践》2011 年第 6 期。

98. 李惠娟：《小干部大作为》，《班主任》2010 年第 11 期。

99. 李国霖：《第三讲：学生文化探讨》，《广州教育》1991 年第 6 期。

100. 刘岩、李澍潇：《从"另类歌谣"看学生文化的重塑》，《鞍山师范学院学报》2009 年第 1 期。

101. 赵德：《另类童谣解读》，《当代教育科学》2005 年第 9 期。

102. 马海涛：《网络介入班级组织建设的案例分析》，《思想理论教育》2007 年第 10 期。

103. 杨怀志：《修订〈班规〉，变身"指南"》，《班主任》2010 年第 11 期。

104. 王长俊：《班级管理和班级建设中的 20 种辩证关系》，《思想理论教育》2009 年第 20 期。

105. 曲全惠：《一个芒果的故事》，《班主任》2010 年第 8 期。

106. 夏江萍：《关注学生文化》，《中小学管理》2001 年第 10 期。

107. 张果：《我带孩子戒"偷菜"》，《班主任》2011 年第 1 期。

108. ［美］加涅：《教学与学习的有效策略》（上），博森译，邵瑞珍校，《外国教育资料》1991 年第 5 期。

109. 张春华：《试着写份让学生动心的操行评语》，《当代教育科学》2003 年第 10 期。

110. 王崇宝：《当好老师——从写好评语开始》，《班主任》2010 年第 6 期。

111. 肖燃、乐国林：《高中新课改背景下考试组织管理探新》，《教育学术月刊》2009 年第 5 期。

112. 潘永兴：《教育中的激励：一种教育自觉的理念》，《光明日报》2010 年 4 月 9 日。

113. 赵莉：《小学班干部权力"寻租"：不买冰淇淋上"黑名单"》，《楚天金报》2007 年 5 月 24 日。

114. 全国妇联：《全国农村留守儿童状况研究报告》，《中国教育报》

2008 年 2 月 29 日第 1 版。

115. 全国妇联：《全国农村留守儿童状况研究报告》，《中国妇运》2008 年第 6 期。

116. 黄杰：《中学班级文化建设探讨》，北京师范大学，硕士学位论文，2005 年。

117. 孟茜茜：《农村留守儿童教育问题探析——以河南省孟津县为例》，西南财经大学，硕士学位论文，2007 年。

118. 许萍：《班级管理中的问题诊断与治理》，上海师范大学，硕士学位论文，2009 年。